AF533028

S
V
H

Basiswissen Grundschule

Band 48

Ernährungsbildung im Sachunterricht

Ein Spiralcurriculum mit
Grundlagen und Praxisbeispielen

Von

Claudia Plinz

Schneider Verlag Hohengehren GmbH

Basiswissen Grundschule

Herausgegeben von:

Band 1 bis 18: Jürgen Bennack

Ab Band 19: Astrid Kaiser

Die Reihe „Basiswissen Grundschule“ ist einem schüler- und handlungsorientierten, offenen Unterricht verpflichtet, der auf die Stärkung einer selbstständigen, sozial verantwortlichen Schülerpersönlichkeit zielt.

Coverfoto: Ernährungsbildung mit Genuss von Claudia Plinz

Gedruckt auf umweltfreundlichem Papier (chlor- und säurefrei hergestellt).

Bibliografische Information der Deutschen Nationalbibliothek

Die Deutsche Nationalbibliothek verzeichnet diese Publikation in der Deutschen Nationalbibliografie; detaillierte bibliografische Daten sind im Internet über ›http://dnb.dnb.de‹ abrufbar.

ISBN 978-3-8340-2114-4

Schneider Verlag Hohengehren, Wilhelmstr. 13, 73666 Baltmannsweiler

Homepage: www.paedagogik.de

Ernährungsbildung im Sachunterricht

Ein Spiralcurriculum mit Grundlagen und Praxisbeispielen

Inhaltsverzeichnis

Vorwort: Motivierende Ernährungsbildung mit allen Sinnen

Claudia Plinz ist Expertin für Ernährungsbildung und hat Beratungserfahrung mit diversen Altersstufen. Sie hat mit diesem Buch ein Spiralcurriculum zum Thema „Ernährung" vorgelegt.

Das Buch besticht durch die vielen konkret vorgestellten Praxisanregungen, die oft durch Abbildungen sehr einleuchtend zum Umsetzen im eigenen Unterricht animieren.

Besonders gelungen ist es in diesem Buch, dass nicht nur kognitive Lernziele verfolgt werden, sondern auch emotionale.

So nimmt die Förderung der Sinneswahrnehmung bezogen auf verschiedene Lebensmittel einen zentralen Stellenwert ein. Die Beispiele sind wirklich gelungen und zeigen, dass nachhaltiger Unterricht den Kindern auch Spaß bereiten kann.

Minzwasser herzustellen und Getreide im Mörser zu zerkleinern ist auch für Kinder mit Lernproblemen geeignet, weil sie so ein positives Selbstkonzept entwickeln können. Unterstützt werden die Lernprozesse auch durch Lieder, um wichtige Inhalte dabei zu memorieren und mit Freude an den Unterricht zu gehen.

Der Vorschlag eines „Ernährungsführerscheins" wird sehr ausführlich beschrieben. Begleitend dazu werden verschiedene Unterrichtseinheiten, angefangen mit den „lustigen Brotgesichtern" über „Knabbergemüse" und Nudelsalat über fruchtigen Schlemmerquark bis hin zu heißen Kartoffelgerichten aufgeführt. Alles ist ideenreich ausgeführt und man merkt beim Lesen, dass in der Praxis den Kindern der Appetit kommt. Sie werden nicht belehrt sondern beim Entdecken des Schmeckens angeregt.

Für die Sekundarstufe wird dann die Expertise im „Schmexperten"-Unterricht erweitert. Hier wird altersgemäß Neues angeboten wie „Coole Drinks" oder „Power-Sandwiches". Allein daran ist zu erkennen, dass die Autorin sich mit dem Denken von Kindern und Heranwachsenden auskennt.

Das Buch ist aus der Praxis für die Praxis geschrieben. Ob Linsenbrotaufstrich oder Michshakevarianten, hier ist eine Fülle an Rezepten zu lesen und für die Schulpraxis adaptiert.

Immer wieder wird auch die Selbstreflexion des eigenen Lernprozesses gefördert. Die Strategien des Lernens des Lernens wie reflecting, scaffolding, conferencing etc., die als besonders lernwirksam in einer Zeit der Wissensexplosion wissenschaftlich erkannt worden sind, werden von ihr organisch in die Unterrichtsplanung einbezogen.

Pfiffig ist auch das Monitoring des Lernverlaufs durch ein zunächst leeres Puppenhaus, das allmählich mit den gelernten Inhalten symbolisch gefüllt wird.

Besonders innovativ sind ihre Ansätze, eine kulturelle Perspektivenerweiterung mit Ernährungsbildung zu verbinden.

Es ließen sich noch viele Praxisbeispiele als gelungene Unterrichtsanregungen hervorheben. Aber wichtig ist, dieses Buch auch tatsächlich in die Hand zu nehmen und als Grundlage für die eigene Unterrichtsplanung zu verwenden.

Denn dieses lebendige Praxisbuch ist besonders gut geeignet für die Unterrichtsvorbereitung in Praxisphasen der Ausbildung von Lehrerinnen und Lehrern, weil es in den einleitenden Kapiteln einen wichtigen theoretischen Rahmen zu den gegenwärtigen Eckpunkten der Ernährungsbildung eröffnet. Dabei wird auch kompakt ernährungswissenschaftliches Grundwissen vermittelt.

Ob ein Bezug auf das europäische Curriculum Ernährung, die Einbindung in die Kinderrechtskonvention oder die Hinweise zu Anschlussstellen im Sachunterricht gemäß dem bundesweit mehrheitlich anerkannten Perspektivrahmen der GDSU – in diesem Buch werden die wichtigen Orientierungsmarken der Ernährungsbildung gesetzt und anschließend theoretisch in den Ernährungsbildungsdiskurs klar und knapp, aber doch ohne wichtige Aspekte auszulassen, eingeordnet.

Sie reflektiert auch die Probleme der Verhaltensänderung im Ernährungsbereich und begründet damit ihre Praxisbeispiele, die nicht nur kognitive, sondern auch verhaltensbezogene und emotionale Lerndimensionen umfassen.

Besonders hilfreich sind ihre didaktischen Überblicke wie das „Einmaleins der Ernährungsbildung“, die bei der Planung von Unterrichtseinheiten helfen, die weiten Ziele nicht aus dem Blick zu verlieren.

Aber auch die didaktische Offenlegung ihres Konzeptes der Ernährungsbildung ist aspektreich, fundiert und hilfreich für die Praxis, etwa indem sie argumentiert, welchen Stellenwert die Ausbildung der Sinneswahrnehmung hat.

Besonders gut gelungen sind die Kästchen „Gut zu wissen“, die man in den verschiedenen Kapiteln finden kann und die auf das Wesentliche noch einmal klar und gezielt hinweisen. Aber auch die Kästchen „Weiter gedacht“ geben Denkanstöße und machen das Buch zu einem dynamischen Werk, das die Lesenden abholt und zum Weiter-Denken anregt.

Von daher kann ich den Kindern im Lande, die vielfach unter Fehlernährung leiden, nur wünschen, dass sie Lehrerinnen und Lehrer haben, die sich dieses Buch zu Herze genommen haben und es als Anregung für die eigene Unterrichtsplanung nutzen.

Dieses Buch gehört auf den Konferenztisch, wenn es um das Thema Pausenfrühstück oder um Ernährungsbildung geht. Die vielen kleinen nützlichen Ideen im Buch versprechen, dass der Unterricht spannender und lebendiger wird. Und wenn Kinder gern lernen, werden sie auch nachhaltiger lernen.

Von daher ist diesem Buch ein voller Erfolg zu wünschen.

Oldenburg, im Herbst 2020

Astrid Kaiser

1. Einleitung

„Und dann saß sie da, mit ihrer wilden Ronja-Räuber-Tochter-Mähne und verschlang die Spaghetti mit Pesto – tief in sich gekehrt, versunken in Gedanken, ohne einen Blick vom Teller zu wenden. Mich überkam eine tiefe Traurigkeit, wie ich sie nie vor zu spürte, dieses Menschenkind vor Hunger - ohne Genussempfinden - getrieben so zu sehen und in mir keimte der Gedanke nach einer Ernährung(sbildung) für jedes Kind…. Für jedes Grundschulkind!"

(Plinz, 2020)

Mit den Aufgaben einer Ernährungsbildung sind viele Menschen überfordert. Deshalb sind Kommunikation und Bildung in Bezug auf das Ernährungsverhalten für ein salutogenes Umfeld in der Gesellschaft relevant. Es hat sich gezeigt, dass die Versuche, die Ernährungsgewohnheiten der Menschen, insbesondere durch Empfehlungen für gesunde Ernährung und normative Appelle für mehr Nachhaltigkeit, nicht von großem Erfolg gekrönt waren (vgl. Hayn, 2005, S.284). Der „erhobene Zeigefinger" wirkte demotivierend und führte eher zu einer Trotzreaktion. In den für sie prägenden sozialen Settings lernen Kinder schon ab dem frühen Kleinkindalter verschiedene Ess- und Ernährungsstile kennen. Das Essverhalten unterliegt dabei den kulturellen sowie den sozioökonomischen Maßstäben des Elternhauses. Bereits durch die Genetik, durch die Ernährung der Mutter während der Schwangerschaft und ihre Ernährung während der Stillzeit, werden der Geschmack und der Appetit auf bestimmte Speisen geprägt. Im weiteren Aufwachsen des Kindes werden die Einkäufe der Lebensmittel, die Größen der Mahlzeiten sowie das Stattfinden und Gestalten gemeinsamer Mahlzeiten, meistens durch die Eltern und hier am ehesten durch die Mutter, diktiert (Wittkowske, Polster & Klatte, 2017, S.10). Neben den Primärerfahrungen in den Familien sind Institutionen der Erziehung und Bildung maßgeblich partizipiert, aber auch Personen und Gruppen von Gleichaltrigen (Peers), zu denen Beziehungen aufgebaut und Einflüsse übernommen werden. Die Bildungsinstitutionen - und somit auch Grundschullehrkräfte - stehen der Herausforderung gegenüber, eine frühzeitig beginnende und kontinuierliche Ernährungsbildung bzw. Primärprävention mit dem Ziel, Essen zu lernen, zu lehren. Die Ernährungsbildung stellt in der Grundschule zum einen eine fächerübergreifende Erziehungs- und Bildungsaufgabe dar und zum anderen einen Inhalt, der speziell im Sachunterricht zu verorten ist (vgl. Kaiser; Albers 2015, S.1). Es gibt derzeit verschiedene Ernährungsprojekte und -konzepte, die eine gute Option für ernährungswissenschaftliches Lehren und Lernen in der Grundschule aufweisen, aber häufig nur als befristete Einheiten, z.B. im Sachunterricht, ihren Einsatz finden. Solch befristete Projekte führen in der Primarstufe meist nicht zu einer nachhaltigen Ernährungs- und Gesundheitsbildung.

„Im Unterricht in der Grundschule erscheinen die Inhalte der Ernährungsbildung oft als versprengte kleinere Unterrichtseinheiten zwischen anderen Themen. Projekte wie „gesundes Frühstück", „Pausenbrot" und „Plätzchen backen zur Weihnachtszeit

mit Eltern" scheinen dabei oft mehr der Abwechslung im Unterricht zu dienen; selbst für Lehrer angebotene Fortbildungen weisen oft diesen Charakter auf." (Geest-Rack 2013, S.21).

Der bundesweit erschienene Perspektivrahmen beschreibt in den perspektivenvertretenden Themenbereichen das Thema Gesundheit, und hier wird aufgeführt, dass die Schüler*innen in der Primarstufe befähigt werden sollen, gesundheitsförderliche Verhaltens- und Handlungsweisen zu erlernen und nachhaltig anwenden zu können (vgl. GDSU, 2013). Auch in den Fachanforderungen für den Sachunterricht wird die Ernährungsbildung thematisiert. In welchem Ausmaß, mit welchen Materialien, mit welcher Methode und letztendlich auch mit wie viel Leidenschaft das Thema Ernährung unterrichtet wird, liegt in den Händen der jeweiligen Lehrkräfte. Dieses Buch soll dafür eine Hilfestellung sein. Damit Ernährungsbildung nachhaltig und motivierend sein kann, braucht es eine intensive Auseinandersetzung mit der eigenen Alltags- und Esskultur. Der Forderung der ernährungswissenschaftlichen Disziplin nach einer in sich schlüssigen und aufeinander aufbauenden Ernährungsbildung im Sinne eines Spiralcurriculums (vgl. Bartsch et al. 2013, S.89) versucht dieses Buch gerecht zu werden. In diesem Buch geht es bei der Ernährungsbildung im Sachunterricht um die bewusste Wahrnehmung von Essen und Trinken und nicht um die reine Betrachtungsweise der Energieaufnahme. Es soll Anregungen zu Ernährungskonzepten und Unterrichtsmaterialien geben, die auch fachfremd eingesetzt werden können. Das Kernstück dieses Buches ist ein sogenanntes Spiralcurriculum der Ernährungsbildung, womit ein zu häufiges Wiederholen von Unterrichtsthemen auf gleicher Niveaustufe innerhalb der Schullaufbahn vermieden werden soll. In den einzelnen Kapiteln wird teilweise zum besseren Verständnis auf das Spiralcurriculum, symbolisch mit Text versehen, hingewiesen. Zudem gibt es Kästchen, in denen Begriffe definiert oder auf weitere Anregungen zum Unterrichtsthema aufmerksam gemacht werden. Anhand von Bildern wurden bewusst viele visuelle Darstellungen eingefügt, um den Lehrkräften und Interessierten einen anschaulichen Einblick in die Praxis der Ernährungsbildung geben zu können.

2. Sachunterricht: Doppelte Anschlussaufgabe

Der Sachunterricht in der Grundschule kann als ein Teil des lebenslangen Lernprozesses gesehen werden. In den einzelnen Perspektiven des Perspektivrahmens wird die Anschlussfähigkeit an weiterführendes Lernen berücksichtigt, das für die einzelnen Fächer (z.B. Biologie, Geographie usw.) an den weiterführenden Schulen relevant ist. Eine weitere Anschlussaufgabe hat der Sachunterricht, wenn es sich um das vorschulische Lernen handelt. Kinder, die aus den Kindertagesstätten in die Grundschule kommen, bringen Vorwissen zu verschiedenen Themen des Sachunterrichts mit – auch zum Thema Ernährung. Damit es hier nicht zu Wiederholungen des Unterrichtsstoffes auf gleicher Niveaustufe kommt, muss spiralförmig gedacht werden: Das Wissen soll aus- und *aufgebaut werden.*

„*Der Sachunterricht muss einerseits anschlussfähig sein an die Lernvoraussetzungen, an die vor- bzw. außerschulisch erlangten Wissensbestände und Kompetenzen sowie an Fragen, Interessen und Lernbedürfnisse der Schülerinnen und Schüler. Andererseits muss er Anschluss suchen an das in Fachkulturen erarbeitete, gepflegte und weiter zu entwickelnde Wissen*. Diese Anschlussfähigkeit ist zu sichern durch den Aufbau belastbarer Vorstellungen und Konzepte, durch die Fähigkeit der Schülerinnen und Schüler, sich sachbezogen neues Wissen und neue Denk-, Arbeits- und Handlungsweisen zu erwerben bzw. zu entwickeln sowie durch ihr Interesse an den Sachen des Sachunterrichts.“ (GDSU 2013, S.10; Hervorhebung i.O.)

Wenn Kinder den Übergang von der Kindertagesstätte zur Grundschule meistern, dann wechseln sie von einer spielzentrierten in eine lernzentrierte Umwelt mit neuen pädagogischen Konzepten. Für einen erfolgreichen Start in die Grundschule ist es deshalb wichtig, bekannte Rituale und Inhalte aus dem Kita-Alltag aufzunehmen: z.B. das Thema Ernährung. Essen und Trinken sind menschliche Grundbedürfnisse, und das gemeinsame Essen ist den Erstklässlern aus dem Kita-Alltag bekannt und gibt ihnen Struktur und Sicherheit. Beispielsweise können beim gemeinsamen Frühstücken in der Klasse Essenerinnerungen und Meinungen über das Essen ausgetauscht werden. Das Ritual des gemeinsamen Frühstücks ist an Bindung, Beständigkeit und Kommunikation geknüpft. Hier fließt unwillkürlich schon immer ein Anteil von Ernährungsbildung mit ein. Der Sachunterricht bereitet die Schüler*innen inhaltlich auf die Fächer der weiterführenden Schulen, u. a. - je nach Bundesland und Schulart - für Biologie, Verbraucherbildung, Haushaltlehre vor. Hier gibt es sicherlich keine wünschenswerten gemeinsamen Frühstückspausen mehr, aber das Thema Ernährung ist auch hier im Lehrplan verankert und verlangt nach bestimmtem Basiswissen zu dem Thema. Ernährungsgewohnheiten finden „im Kopf“ statt und werden durch die eigene Essbiographie beeinflusst. Die individuellen Erlebnisse, die in der Essbiographie entstehen, können in eine positive wie auch negative Richtung für das eigene Essverhalten und für die Ernährungskompetenz gehen (vgl. Plinz 2017, S.68). Das zeigt die Notwendigkeit nach einem lebenslangen Lernen in Bezug auf die Ernährungsbildung. In den letzten Jahren wurde in der schulischen Vermittlung gesunder Ernährung eine Entwicklung von der traditionellen Ernährungserziehung zur modernen Ernährungsbildung vollzogen. Während die Basis der traditionellen Ernährungserziehung die Vermittlung von Wissen und Verhaltensregeln mit klaren Vorstellungen von „richtiger“ und „falscher“ Ernährung, dem Fokus auf Risiken und zukünftigen Krankheiten, also der „Zeigefingerpädagogik“, und konkreten Lehrinhalten ist, soll das Konzept der aktuellen Ernährungsbildung den konsumierenden Menschen und dessen Essalltag in den Vordergrund stellen, um die Sach-, Entscheidungs-, und Handlungskompetenzen zu fördern (vgl. Heindl, 2009, S.569f.). Diese Kompetenzen müssen kontinuierlich aufgebaut, erweitert und vor dem Hintergrund der Anschlussfähigkeit vermittelt werden.

3. Spiralcurriculum

Schüler*innen haben im Sachunterricht häufig den Eindruck, dass die jeweiligen Unterrichtsinhalte beliebig sind und inhaltlich nichts mit den vorausgegangenen Themen zu tun haben. Dadurch fehlen ihnen eine Orientierung und eine Vorstellung der Zusammenhänge bei den Unterrichtsthemen des vielperspektivischen Sachunterrichts. Ein Spiralcurriculum-Konzept dient dazu, die Inhalte des Unterrichts in unterschiedlichen Jahrgangsstufen beim Lehren und Lernen in heterogenen Schulklassen lehrbar zu gestalten.

„Jedem Kind kann auf jeder Entwicklungsstufe jeder Lehrgegenstand in einer intellektuell ehrlichen Form erfolgreich gelehrt werden." (Bruner 1970, S.44)

Die Unterrichtsthemen sollen in einem spiraligen Curriculum aufgeführt werden. So können die Grundbegriffe der einzelnen Sachunterrichtsthemen auf differenzierte, kognitive und sprachliche Niveaus aufgegriffen werden. Das bedeutet, dass einzelne Themen im Laufe der Kindertagesstätten-, Grundschul- und weiterführenden Schulzeit mehrmals, auf jeweils nach Entwicklungsstand des Kindes höherem Niveau, wiederkehren. Wichtig ist, dass die Kinder selbst experimentieren, Ideen entwickeln, diese überprüfen und immer wieder anwenden.

Das Modell „Puppenhaus" bietet sich im Sachunterricht als Einstieg für das Thema „Ernährung" an.
„In einem Puppenhaus gibt es viel für Kinder zu entdecken, u. a. Küche, Badezimmer, Schlafzimmer, Wohnzimmer und Einrichtungsgegenstände. Aus dem leeren Puppenhaus kann im Verlauf des Unterrichts ein komplett ausgestattetes Haus werden, wobei auch die einzelnen Themen/Funktionen der Zimmer berücksichtigt werden. Je nach Schwerpunktsetzung der Lehrkraft lassen sich eine Vielzahl relevanter Aspekte aus verschiedenen fachlichen Perspektiven bearbeiten." (Plinz & Allwermann 2018, S.5)

Das Puppenhaus als Modell im Spiralcurriculum der Ernährungsbildung soll die Kinder anregen, weitere vielperspektivische Fragestellungen rund um das Thema Ernährung zu entwickeln. In jeder Jahrgangsstufe kann das Puppenhaus im Klassenzimmer seinen Platz finden und wird dann im Laufe des Schuljahres gefüllt. Vorab kann ein Mind-Map erstellt werden, damit viele Themen erkundet und Zusammenhänge für das alltägliche Leben erkannt werden können. Bei jedem

Thema kann immer wieder ein Blick in das Puppenhaus geworfen werden, um kausale Zusammenhänge in den Alltag zu transferieren.

Abb. 1 Leeres Puppenhaus

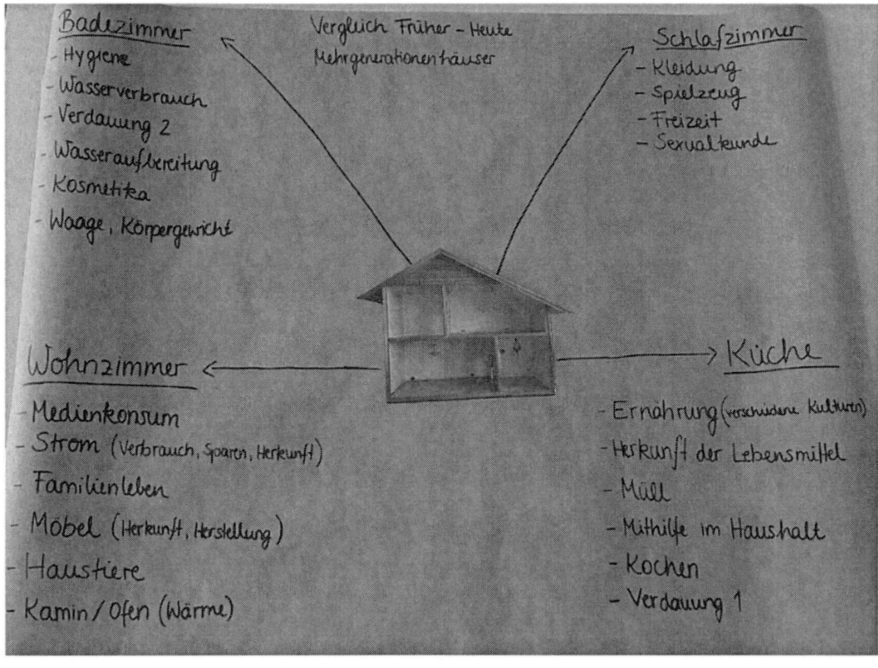

Abb. 2 Plakat zu vernetzten Themen der Ernährungsbildung

In diesem Buch finden sich in vielen Kapiteln Hinweise zum Spiralcurriculum. Das folgende Symbol weist auf diese Hinweise hin:

Abb. 3 Spirale

Die Spirale steht für die vielen Themen des Sachunterrichts, die in den verschiedenen Jahrgangsstufen immer wieder aufgegriffen werden, und zwar erstens auf einem höheren Niveau und zweitens in strukturell angereicherter Form, d. h. konkret, dass sich die Spirale nach außen ausbreitet und sich entsprechend im Durchmesser verbreitert. Diese Verbreiterung ist Folge des sich stets erweiterten Wissens und den damit vernetzen Konzepten und Kompetenzen. *„Mit dem Fortschreiten der „Spirale" werden anfangs intuitive, ganzheitliche, undifferenzierte Vorstellungen zunehmend von formalen, deutlicher strukturierten, analytisch durchdrungenen Kenntnissen überlagert."* (Müller & Wittmann 1984, S.158). Dieses Spiralcurriculum lässt sich auch für die Ernährungsbildung anwenden.

Es gibt ein europäisches Kerncurriculum „Schulische Ernährungsbildung", welches sieben Themenfelder im Bereich Ernährungsbildung verpflichtend für EU-Länder beinhaltet. Diese Themenfelder sind altersunabhängig und sollen zudem eine Orientierung für die Aus- und Weiterbildung von Lehrkräften bieten.

1	Essen und emotionale Entwicklung – Körper, Identität und Selbstkonzept
2	Essgewohnheiten, kulturelle und soziale Einflüsse – Ernährungsweisen, Essstile, Essen in sozialer Gemeinschaft
3	Ernährung und persönliche Gesundheit – Ernährungsempfehlungen und Richtlinien, alte und neue Konzepte
4	Prozesse der Erzeugung, Verarbeitung und Verteilung von Nahrung – Lebensmittelqualität und globaler Handel
5	Lebensmittel, Märkte, Verbraucher und Konsum – Marketing, Werbung und Einkauf
6	Konservierung und Lagerung von Nahrung – Lebensmittelverderb, Hygiene, europäische Bestimmungen
7	Kultur und Technik der Lebensmittel Zubereitung – ästhetisch-kulinarischer Umgang mit Nahrungsmitteln, (inter-)kulturelle, historische, soziale, religiöse Bezüge

Abb. 4 Themenfelder des Europäischen Kerncurriculums

In dem Europäischen Kerncurriculum werden jeder Altersgruppe Schlüsselfragen zugeordnet, aus denen sich der Schwerpunkt für die jeweilige Altersgruppe ableitet. In der folgenden Tabelle werden drei Altersgruppen aufgeführt, die vierte Altersgruppe (14 bis 18 Jahre) wurde ausgelassen, da es in diesem Buch hauptsächlich um die Grundschulzeit und durch die doppelte Anschlussfähigkeit des Sachunterrichts um Kita-Kinder ab vier Jahre und um Kinder auf weiterführenden Schulen bis ca. 13 Jahre gehen soll. Die aufgeführten Konzepte und Materialien sind auch für diese Altersgruppen ausgewählt worden.

Zugeordnete Altersgruppen-Einteilung nach Europäischen Kerncurriculum	**Schlüsselfragen des Europäischen Kerncurriculums**	**Schwerpunkt**
4 bis 7 Jahre	1. Was esse und trinke ich? 2. Was denke ich über mein Essen und Trinken? 3. Wie essen andere?	Sensorisches Bewusstsein
8 bis 10 Jahre	1. Wie sind meine Essgewohnheiten? 2. Gebrauche ich die Vielfalt der Nahrungsmittel? 3. Bin ich mit der Wahl meiner Nahrungsmittel zufrieden?	Essgewohnheiten; Essen und Nahrungsqualität; Essen und Trinken im täglichen Leben zu Hause und in der Schule
11 bis 13 Jahre	1. Was beeinflusst meine Essgewohnheiten? 2. Wie werden meine Essgewohnheiten durch soziale Faktoren beeinflusst? 3. Stehen meine Essgewohnheiten mit meiner Gesundheit in Verbindung?	Nährstoffe und Empfehlungen; Einflüsse auf Essgewohnheiten

Abb. 5 Altersgruppen mit Schlüsselfragen und Schwerpunkten des Europäischen Kerncurriculums

Das Kerncurriculum wurde von verschiedenen Lehrkräften und Schulen in Europa getestet und überprüft. Ergebnisse zeigten, dass das Kerncurriculum zum Teil fachlich besser als die Richtlinien und Lehrpläne einzelner Länder und zudem altersentsprechender gestaltet ist. Das kann unter anderem an dem spiralförmigen Aufbau liegen, weshalb Wiederholungen innerhalb der Schullaufbahn vermieden und der Wissensaufbau kontinuierlich fortgeführt werden kann. Außerdem werden Bezüge zu anderen Fächern gefördert, sodass fächerübergreifender Unterricht stattfinden kann (vgl. Heindl 2003, S.92).

Um ein didaktisches Prinzip - hier Spiralcurriculum - zur Anordnung von Themen der Ernährungsbildung mit sinnvollen Lerninhalten zu füllen, werden in den nächsten Kapiteln relevante Grundlagen, Konzepte und Unterrichtsmaterialien erläutert.

4. Grundlagen der Ernährungsbildung

Das Recht auf eine grundlegende Ernährungsbildung für Kinder ist in Artikel 24 „Gesundheitsvorsorge“ der Kinderrechtskonvention der Vereinten Nationen festgeschrieben: *„Kinder haben das Recht auf Grundkenntnisse über die Gesundheit und Ernährung, die Hygiene und die Sauberhaltung der Umwelt.“* (Konvention über die Rechte der Kinder. UNICEF). In der Vergangenheit nahm die Ernährungsbildung in der Grundschule im schulischen Kontext nur eine untergeordnete Rolle ein. Das lag zum einen daran, dass Ernährungsbildung in vielen Bundesländern interdisziplinär angesiedelt war, zum anderen – und dies folgt daraus – lag es an der fehlenden Professionalisierung ernährungsbildend wirkender Lehrkräfte (vgl. Bartsch et al. 2013, S.88). Seit der Veröffentlichung des Perspektivrahmens Sachunterricht im Jahr 2013, der als Kerncurriculum desselbigen fungiert, wurden die Bildungs- und Lehrpläne einiger Bundesländer aktualisiert. Derzeit erfolgt in den meisten Bundesländern die Ernährungsbildung in der Primarstufe hauptsächlich im Schulfach Sachunterricht (vgl. Pötting & Eissing 2013, S.240). Im Perspektivrahmen Sachunterricht ist die Ernährungsbildung ein Teil des perspektivvernetzenden Themenbereichs „Gesundheit und Gesundheitsprophylaxe“. Dort findet sich Ernährungsbildung im Themenfeld „Lebens-, Nahrungsmittel und Ernährung“ wieder (vgl. GDSU 2013, S.80f). Die Schüler*innen sollen in sachunterrichtlichen Lernsituationen vielfältige ernährungsbezogenen Kompetenzen erwerben. Hierzu zählen die Beschreibung von Merkmalen einer ausgewogenen Ernährung, der kompetente Umgang mit Ernährungsprotokollen, das Erkennen von Fehlernährung (anhand der konsumierten Menge von Lebensmitteln einer bestimmten Gruppe, anhand von Portionsgrößen oder Uhrzeiten von Mahlzeiten sowie das Suchen nach einer alternativen gesundheitsfördernden Ernährung (vgl. GDSU 2013, S.81). Die sogenannten Kompetenzen sollen erworben werden, indem ernährungsbezogenes Wissen vermittelt, zu einer gesundheitsfördernden Ernährung motiviert und diese praktisch eingeübt wird (vgl. GDSU 2013, S.80ff). Ernährungsbildung ist ein langfristiger und ganzheitlicher Prozess, der sich auf viele Aspekte bezieht. Neben

Familiengewohnheiten spielen auch kulturelle und religiöse Aspekte eine relevante Rolle, die im Unterricht stets berücksichtigt werden müssen (vgl. Heindl 2003, S.14).

„Ernährungsbildung dient der Befähigung zu einer eigenständigen und eigenverantwortlichen Lebensführung in sozialer und kultureller Eingebundenheit und Verantwortung. Ernährungsbildung zielt damit auf die Fähigkeit, die eigene Ernährung politisch mündig, sozial verantwortlich und demokratisch teilhabend unter komplexen gesellschaftlichen Bedingungen zu gestalten."

(D-A-CH Arbeitsgruppe, vgl. www.evb-online.de/service_glossar.php)

Relevant ist hierbei, dass das menschliche Ernährungsverhalten eine der stabilsten Gewohnheiten ist, die sich nur sehr schwer verändern lässt. Weshalb wir ausgewählte Speisen essen, wer was isst und wie und aus welchen Grund sich das Essverhalten im Lebenslauf bildet und verändert, welche Ereignisse in der Essbiographie eine Rolle spielen und wie sich der Mensch essend durch sein Leben erzählt, das sind Fragen, auf die die Ernährungsbildung eingehen sollte (vgl. Plinz, 2020, S.166). Einen Schwerpunkt bildet hier der Zusammenhang zwischen dem Essverhalten der Schüler*innen und der verwendeten Kommunikation der unterrichtenden Lehrkraft über das Thema Ernährung. Viele Kinder wissen, dass Gemüse und Obst gesund sind, aber trotzdem findet dieses Wissen keinen Platz in ihrem Essalltag. Für Lehrkräfte, die Ernährungsbildung im Sachunterricht unterrichten, wird eine Sensibilisierung für individuelle und nicht abgeschlossene Prozesse des Essverhaltens in Bezug auf die Kinder, die sie unterrichten, zu einer neuen pädagogischen Verantwortung und auch zu einer neuen kulturellen Perspektive, die es zu nutzen gilt (vgl. Plinz, 2017, S.105). Eine Ernährungsbildung, die allein auf die theoretische Wissensvermittlung setzt, ist wenig erfolgversprechend. In der Primarstufe ist es relevant, nicht nur das „denkende", sondern vielmehr das „handelnde" und „forschende" Kind anzusprechen. Die Ernährungsbildung kann dementsprechend pädagogische Methoden, wie das „Lernen durch die Sinne" und „Lernen durch aneignungsorientierte Konzeptionen (Handlungs-, Erfahrungs- und Problemorientierung)" nutzen. In der Ernährungsbildung ist es relevant, dass durch die Lehrkraft ein unbefangener und kompetenzorientierter Umgang mit Lebensmitteln vermittelt wird. Nur durch eine ganzheitliche Ernährungsbildung kann eine Motivation zur Veränderung von Ernährungsfehlverhalten geschaffen werden. Realistisch gesehen handelt es sich hierbei allerdings um eine nicht sehr einfache Umsetzung, bei der kleine Fortschritte auch einen Erfolg darstellen (vgl. Meier-Ploeger et al. 1999, S.11). Es bedeutet auch, die Kinder zu stärken – mit kleinen Fortschritten und Zielen. Dazu gehört eine sinnvolle Unterrichtsgestaltung, in der die Kinder durch Lebensmittel alle Sinne wahrnehmen können. Es gibt in der Grundschule viele Möglichkeiten zur Förderung der Ernährungsbildung. Für Lehrkräfte existieren einzelne Materialien, gesamte Konzepte und Fortbildungen. Relevant dabei ist es zu beachten, dass das Einmaleins der Ernährungsbildung berücksichtigt wird.

Das Einmaleins der Ernährungsbildung

- An den Erfahrungen der Kinder anknüpfen
- Vielfalt schmecken und Neues entdecken
- Viel Praxis und über den Tellerrand schauen
- Gemeinsam an einem Strang ziehen und Vorbild sein
- Gelerntes im Schulalltag verwirklichen (Brüggemann; Hoffmann 2020)

Zudem sollte vermittelt werden, dass es einen Unterschied zwischen den Begriffen „Essen" und „Ernährung" gibt. *„Essen und Emotionen gehören ebenso eng zusammen wie Ernährung und Expertentum: Lust und Genuss beim Essen, Frust und Ablehnung von Essen, Essen als Kompensation für Enttäuschung und Trauer sind wohlbekannte Zusammenhänge, die Handlungsmotive dominieren."* (Heindl; Plinz-Wittorf 2010, S.9)

Gut zu wissen….

„**Ernährung** ist die Aufnahme der Nährstoffe durch den Organismus, die zur Aufrechterhaltung der Lebensvorgänge notwendig sind. Sie dient als Energiequelle aller körperlichen, geistigen und psychischen Leistungen und stellt die Stoffe für das Wachstum sowie für den Ersatz verbrauchter Substanzen bereit." (Kögel, 2008, S.10)

„**Ernährungsbildung** wird als Bemühen des Menschen angesehen, eine persönlich sinnvolle Ernährungsweise durch gesunde Lebensführung aufzubauen, worin er Unterstützung und Begleitung erfährt." (Heindl 2003, S.32)

Ernährungsbildung dient außerdem „der Befähigung des Menschen zu einer eigenständigen und eigenverantwortlichen Lebensführung in sozialer und kultureller Eingebundenheit und Verantwortung" (Rademacher & Heindl 2019, S.18). Die Ernährungsbildung ist ein lebensbegleitender Prozess und findet Zuhause, aber auch in der Kindertagesstätte und Schule statt. Sie ist ein Teil des allgemeinbildenden Auftrags von Schule und stellt eine wesentliche Kernkompetenz dar. Im Rahmen von Kompetenzbeschreibungen im Perspektivrahmen wird aufgeführt, was Schüler*innen können sollen.

Ein Beispiel:

Schüler*innen können Merkmale einer ausgewogenen Ernährung (Konzept der optimierten Mischkost) beschreiben, Ernährungsverhalten mit Hilfe eines Ernährungsprotokolls untersuchen. Formen von Fehlernährung erkennen (Nahrungsmittel: z.B. anhand des Anteils von Gemüse und Obst, Fett, Zucker, Salz; Ernährungsverhalten: z.B. anhand der Anlässe, Zeiten und Mengen der Nahrungsaufnahme) und Alternativen einer gesundheitsfördernden Ernährung suchen und anwenden (z.B. neue Geschmackserfahrungen, Erstellung eines Rezeptbuchs) [...] (vgl. GDSU 2013, S.81f.). Wie das in der Praxis und im Unterricht sinnvoll umgesetzt werden kann, zeigen die Beispiele aus der Praxis im nächsten Kapitel. Insbesondere soll in den Konzepten die Praxis miteinbezogen und die Kinder am eigenen Lernstand abgeholt werden. Für die Praxis ist eine gute Küchenausstattung hilfreich, jedoch nicht zwingend notwendig. In vielen Konzepten besteht die Möglichkeit, sich ohne eine Küche praktisch im Klassenzimmer mit Ernährung auseinanderzusetzen. Es geht in der Ernährungsbildung nicht nur um die Vermittlung von Fähigkeiten, Fertigkeiten und Kompetenzen der Nahrungszubereitung, sondern auch um die Bildung von Werten und Einstellungen rund um das Thema Essen und Trinken. Bei den vorgestellten Ernährungskonzepten (s. Kapitel 5.1.1 - 5.1.4) ist die Ernährungspyramide, die im nächsten Unterkapitel näher erläutert wird, ein wichtiger Aspekt.

4.1 Ernährungspyramide

Die Ernährungspyramide der Bundesanstalt für Landwirtschaft und Ernährung (BLE) gliedert die Nahrungsmittel in Gruppen bzw. Bausteine. Die Farben (grün, gelb, rot) dienen der Unterscheidung und geben einen ersten Anhaltspunkt über die Portionen (Essensmengen), die der Mensch zu sich nehmen sollte. Im Vordergrund steht eine ausgewogene Ernährung, die den Bedarf an Kohlenhydraten, Eiweiß, Fett sowie allen Vitaminen und Mineralstoffe deckt. Dabei soll möglichst das Ziel erreicht werden, sich saisonal und regional ausgewogen zu ernähren. Für die Vermittlung von Ernährungsbildung im Unterricht ist dies relevant: Es gibt keine verbotenen Lebensmittel. Eine Kombination der Nahrungsmittel in einem richtigen Verhältnis zueinander führt zu einer ausgewogenen Ernährung und vermittelt ein genussvolles und gesundheitsförderndes Essverhalten, das von Kindesbeinen an gelehrt werden kann. Als visuelles Hilfsmittel basiert die Ernährungspyramide auf wissenschaftlichen Erkenntnissen und den Referenzwerten für Ernährung für Deutschland, Österreich und die Schweiz (D-A-CH-Referenzwerte). Die D-A-CH-Referenzwerte für die Nährstoffzufuhr werden von der Deutschen Gesellschaft für Ernährung (DGE), der Österreichischen Gesellschaft für Ernährung (ÖGE), der Schweizerischen Gesellschaft für Ernährungsforschung (SGE) und der Schweizerischen Vereinigung für Ernährung (SVE) herausgegeben. Sie bilden die wissenschaftliche Grundlage für eine vollwertige Ernährung in der Praxis.

Gut zu wissen...

„Eine vollwertige Ernährung ist die Basis für bedarfsgerechtes, gesundheitsförderndes Essen und Trinken. Sie kann dazu beitragen, Wachstum, Entwicklung und Leistungsfähigkeit sowie die Gesundheit des Menschen ein Leben lang zu fördern bzw. zu erhalten." (Deutsche Gesellschaft für Ernährung)

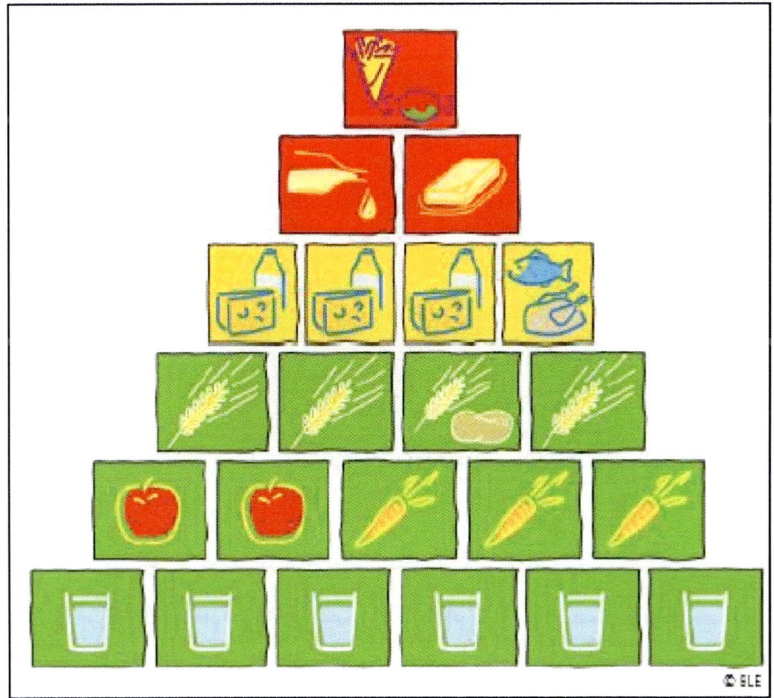

Abb. 6 Die Ernährungspyramide der BLE

Die Ernährungspyramide bietet die Möglichkeit, dass die Schüler*innen ihren eigenen Bedürfnissen (auch Süßigkeiten oder Fast Food), ihrem Geschmack (Lieblingsessen) und ihren Gewohnheiten (Müsli zum Frühstück) nachgehen können. Das Modell stellt dar, wie ausgewogenes Essen und Trinken am Tag aussehen kann. Jedes Symbol auf den einzelnen Bausteinen (grün, gelb und rot) steht für eine Lebensmittelgruppe. Der Apfel steht zum Beispiel für Obst. Jeder Baustein steht für eine Portion. Anhand der Ebenen der Ernährungspyramide wird vermittelt, wie häufig die verschiedenen Lebensmittelgruppen verzehrt werden sollen. Je weiter unten ein Lebensmittel in der Ernährungspyramide steht, umso mehr und häufiger sollte das Lebensmittel konsumiert werden. Bei der Auswahl der Lebensmittel geben die Ampelfarben (s. o.) eine Orientierung für den Tag. Durch ihren einfachen Aufbau eignet sich diese vielseitige Ernährungspyramide für Kindergarten- und Schulkinder. Das Maß für eine Portion bei den Lebensmitteln kann die eigene Hand sein. Das bedeutet, dass die Portionen mit zunehmenden Alter mitwachsen, dadurch wird berücksichtigt, dass sich der Nährstoffbedarf mit dem Alter verändert: Kleine Kinder = kleine Hände; große „Kinder“ = große Hände (vgl. Seitz, BZfE).

Abb. 7 Kleine Kinder = Kleine Hände = Kleine Portionen

Weiter gedacht….

„Der Mensch ist das Maß aller Dinge“ (Protagoras, 5. Jh. v. Chr.)

Für die Lehre von den Maßen kann dieses Zitat von PROTAGORAS als Fundamentalsatz herangezogen werden. Historisch betrachtet, hat der Mensch schon früh seinen Körper benutzt, um Dinge zu messen. Hierzu nahm er seine einzelnen Gliedmaßen und maß z.B. mit der Handbreite, dem Fuß oder dem Arm. So entstanden entsprechende Namensbildungen für zum Teil schwankende Maßeinheiten wie z.B. „meine Handvoll“. In Kochrezepten findet sich eine große Vielfalt menschlich abgeleiteter Messeinheiten und -größen wieder, z.B. „eine Handvoll“ oder auch „faustgroß“ (vgl. Plinz-Wittorf; Heindl 2010, S.139). Werden diese vom Kind und/oder Erwachsenen ausgehenden Maße verwendet, so ist

eine Proportionierung zur Körpergröße und damit auch zum Nahrungsbedarf gegeben (vgl. Breuß; Kubelka 1999, S.47).
Wenn es um die Ernährungspyramide geht, lässt sich die o. g. Thematik gut im Unterricht unter der historischen Perspektive mit Schüler*innen der 4. Jahrgangsstufe beleuchten. Fächerübergreifend kann hier im Mathematik-Unterricht das Thema Maßeinheiten aufgegriffen werden.

Zusammengefasst lässt sich festhalten, dass die Ernährungspyramide vom BLE das Mengenverhältnis von Nahrungsmitteln veranschaulicht und Empfehlungen für eine ausgewogene Ernährung gibt. Die Ernährungspyramide hat das Ziel, durch Veranschaulichung zur Förderung der Ernährungskompetenz der Schüler*innen beizutragen. Außerdem bietet die Ernährungspyramide auch eine gute Orientierung in der Ernährungsbildung für Lehrkräfte ohne Fachkenntnisse, da sie leicht versteh- und einsetzbar ist.

Weiter gedacht...

Beim gemeinsamen Frühstücken im Klassenverband (s. auch Kapitel 2) kann die Ernährungspyramide beispielsweise als Poster im Klassenraum immer präsent sein. Dadurch können die Schüler*innen beim Essen etwas lernen, indem sie ihr mitgebrachtes Frühstück differenziert in die Ernährungspyramide eingruppieren. So kann Essen besser verstanden werden, und es wird vermittelt, dass damit mehr Genuss und ein Erlebniswert einhergehen. Ernährungsbildung findet somit jeden Schultag statt.

Abb. 8 Frühstücksdosen

Zu jedem Baustein lässt sich die Schulung der Sinne einbauen und gut in der Ernährungsbildung im Sachunterricht verorten.

4.2 Sinnesbildung

„Es ist ein Irrtum zu meinen, dass wir Sinne ‚haben', und dass sie automatisch funktionieren. Wir haben Sinne so wenig wie Verstand. Was der Mensch in seinen Sinnesorganen mitbringt, sind unausgebildete Möglichkeiten, die in der heutigen Gesellschaft verkümmern." (Picht, G. 1986, S.386)

Was Picht schon 1986 in seinem Zitat zusammenfasst, sehen wir heute immer mehr: Die Sinne der Kinder verkümmern, wenn diese nicht geschult werden. Kinder „be-greifen" ihre Umwelt in erster Linie über die konkrete sinnliche Erfahrung und haben diese Fähigkeit trotz aller Medieneinflüsse noch nicht verlernt (vgl. Kaiser 2019, S.152). Die handlungsorientierte Vermittlung ist ein relevanter pädagogischer Ansatz für die Sinnesbildung im Sachunterricht. Die Sinnesbildung lässt sich gut in die Ernährungsbildung integrieren, da der erste Kontakt mit einem Lebensmittel durch die Sinne geschieht. Meist sehen wir uns zuerst die Lebensmittel an, die wir kaufen und essen möchten. Durch das Tasten prüfen wir den Reifegrad einer Frucht und wir hören, wie wir in einen Apfel beißen. In erster Linie sind Essen und Trinken sinnliche Erfahrungen.

Die Essmotive der Menschen sind sehr vielfältig: Genuss, Hunger, Gewohnheit, kulturelle und traditionelle Einflüsse, Neugier, Angst, Gesundheit, Fitness, Schönheit (vgl. Pudel 2002, S.57). Kindern nennen häufiger als Erwachsene das Motiv: „Weil es schmeckt!" Wenn der Mensch isst, tasten die Lippen das Nahrungsmittel ab, und im Mundraum werden Konsistenz und Beschaffenheit wahrgenommen, aber auch Temperatur und Schmerz. Das Schmecken auf der Zunge und das Riechen - indirekt über den Rachenraum - erfolgt dann sogleich. Düfte sind meist lebenslang für die Essgewohnheiten, Vorlieben und Abneigungen verantwortlich. Somit beeinflussen diese Empfindungen das Gesamturteil über ein Lebensmittel, vereinfacht auch als Geschmack bezeichnet (vgl. Heindl, 2003, S.129). Der Geschmack ist somit ein komplexer Sinneseindruck bei der Nahrungsaufnahme.

„Der „Geschmack" konstituiert sich zunächst als kombinierte Sinneswahrnehmung von Rezeptoren im Mund, welche die grundlegenden Geschmacksrichtungen süß, sauer, bitter, salzig und umami wahrnehmen, mit einer Verfeinerung dieser Wahrnehmung durch den Geruchssinn." (Kritzmöller, 2016, S.18)

Für die Entwicklung von Kindern ist die Bedeutung des Geschmacks weit mehr als ein Sinneseindruck. Geschmack bildet, und der Geschmack ist für unsere Biographie und Identität relevant. Aufwachsen mit „Schmecken" ist die Aufforderung, den Schüler*innen vielfältige Geschmackseindrücke durch die Nahrung zu ermöglichen. Die Kinder sollen die Ursprünglichkeit von Nahrungsmittel und die Vielfalt des Kulturortes Küche erleben und kennenlernen, damit sie Kompetenzen zur genussvollen Eigenständigkeit und zu verantwortungsvollem Handeln für sich selbst und für ihre Umwelt erwerben können (Uhlen-Blucha 2007, S.7). Im soziokulturellen Umfeld der Gemeinschaft (z.B. in der Schule) lernen die Kinder, mit anderen Menschen zu essen. Dadurch lassen sich bereits bestehende Ernährungskonzepte (s. folgende Kapitel) nutzen, um die Essbiographie durch Sinnesschulung unter dem Aspekt der Geschmacksvielfalt zu entwickeln. Der Sachunterricht in der Grundschule bietet eine sehr gute Voraussetzung für eine bewusste Beteiligung und Sensibilisierung der Sinne, da die Lehrkräfte im Rahmen einer handlungs- und sinnesorientierten Ernährungsbildung nahezu alle Kinder erreichen können. Rund um das Thema Ernährung und Sinnesbildung gibt es für den Unterricht facettenreiche Spannungsfelder. Forschend und handlungsorientiert können Kinder lernen, wie es ist, wenn die Zunge ein Lebensmittel ertastet, die Nase schmeckt oder die Farben sie beeinflussen. Ziel ist es, die Aufmerksamkeit und den Forscherdrang der Schüler*innen für das alltägliche Essen und Trinken zu wecken. Lebensmittel können als Erlebnis für Auge, Hand, Nase und Zunge erfahren werden. Dieses kann mit Experimenten verbunden werden (vgl. Meier-Ploeger et al. 1999, S.5).

Weiter gedacht...

Durch den Einsatz der Sinne kann das Kind feststellen, ob das jeweilige Lebensmittel noch essbar ist. Eine Vielzahl von Lebensmitteln können auch noch mehrere Tage nach Ablauf des Haltbarkeitsdatums unbedenklich verzehrt werden. Mit diesem Wissen kann der Lebensmittelverschwendung entgegengewirkt werden. Entsprechendes Unterrichtmaterial mit dem Titel „Zu gut für die Tonne" wird vom Bundesministerium für Ernährung und Landwirtschaft (https://www.zugutfuerdietonne.de/) angeboten. Außerdem ist es ein Thema, das gut unter dem Punkt „Nachhaltigkeit in der Ernährung" (s. Kapitel 5.4) mit aufgeführt werden kann.

Von Anfang an sind der Geschmack aber auch der Genuss die Schlüsselpunkte, die Freude am Essen, Kennenlernen von Lebensmitteln und deren Zubereitung vermitteln sollen. Die Vielfalt der Sinne kann durch dieses selbstständige Handeln angesprochen werden. Durch das Lernen am Beispiel „Essen und Trinken" wird die immer wieder geforderte Orientierung an den alltäglichen Esssituationen der Schüler*innen umgesetzt. Projekte und Unterrichtseinheiten zur Ernährungsbildung sind keine einmaligen Unterrichtsthemen, sondern begleiten die Kinder über ihre ganze Schullaufbahn, wie es in den Lehrplänen, Fachanforderungen und im Perspektivrahmen vorgesehen ist. Kinder sind laut Hascher und Winkler-Ebner (2010) im Alter zwischen sechs und zehn Jahren zum ersten Mal in der Lage, präventive Handlungsmaßnahmen zu verstehen und ihren Wert zu erkennen. Aus diesem Grund sollten gerade diese Lernprozesse, die die eigene Handlungsfähigkeit fördern und die Persönlichkeitsfindung im Grundschulalter bestärken, Einzug in den Unterricht erhalten (Hascher & Winkler-Ebner, 2010, S.44). Diese Lernprozesse werden in den nächsten Kapiteln exemplarisch an einigen Ernährungskonzepten dargestellt.

5. Aus der Praxis – Ernährungskonzepte

In diesem Kapitel werden Ernährungskonzepte vorgestellt, die von der Kindertagesstätten- bis zur weiterführenden Schule-Ebene Anwendung finden und die Ernährungskompetenz der Schüler*innen fördert. Die folgende Darstellung ist keine exhaustive Aufzählung, sondern eine Auflistung der meistverwendeten Ernährungskonzepte. Das Modell der Ernährungspyramide wird von allen aufgeführten Ernährungskonzepten als wissenschaftliche Grundlage verwendet, darum wurde eine Vorstellung des Modells vorangestellt (s. Kapitel 4.1).

Gut zu wissen …

Es ist lebensmittelrechtlich unproblematisch, wenn Kinder in der Klasse Gemüse und Obst für sich zubereiten. Für einmalige Zubereitungsaktionen mit allen Lebensmitteln werden in der Regel keine Belehrungen nach dem Infektionsschutzgesetz nötig. Im Zweifelsfall ist eine Erkundigung beim zuständigen Gesundheitsamt sinnvoll (vgl. BZfE 2018, S.7).

5.1 Schmecken mit allen Sinnen. Der Feinschmecker-Kurs für 4- bis 7- Jährige

Im Vergleich zu den Schulen findet Ernährung in den Kitas (Kindertagesstätten) stärker in alltagsintegrierter Form statt. In den Kitas verbirgt sich ein vielfältiges Bildungspotenzial durch die Mahlzeitenhäufigkeit, -verbindlichkeit und -gestaltung (vgl. Universität Paderborn 2018, S. 5). Das Ernährungsprojekt *Schmecken mit allen Sinnen. Der Feinschmeckerkurs für 4- bis 7-Jährige* ist ein Konzept des Bundeszentrums für Ernährung (BZfE), welches 2019 als Neuauflage aus dem Projekt *Schmecken lern*en heraus entstanden ist (BZfE 2019). Dieses Konzept ist für Kinder im Kindergartenalter oder Schüler*innen der ersten und zweiten Klassenstufen ausgelegt. Das Ziel des Konzepts ist es, dass die Kinder mit allen ihren Sinnen verschiedene Lebensmittel kennenlernen und insbesondere die geschmacklichen Erlebnisse und den Genuss von Nahrung vordergründig wahrnehmen (vgl. Bethge; Brüggemann 2019, S.4). Eine Orientierung in Bezug auf die Lebensmittel findet sich in der Ernährungspyramide wieder.

Da das Ernährungskonzept *Schmecken mit allen Sinnen. Der Feinschmeckerkurs für 4- bis 7-Jährige* in einem gesunden Rahmen stattfinden soll, beschränken sich die vorgeschlagenen sechs Stunden, welche in möglichst ganzen Stunden à 60 Minuten (in der Kita ist das häufig möglich) zu halten sind, auf die folgenden Lebensmittelgruppen: Wasser, Obst, Gemüse, Getreide, Milch bzw. Milchprodukte und Süßigkeiten. Um den Kindern die Thematik besonders zugänglich zu machen, verfolgt jede Stunde eine bestimmte Routine, die jedoch auch auf den eigenen

Unterricht zugeschnitten (45 oder 90 Minuten) und somit modifiziert werden kann (vgl. Bethge, Brüggemann, 2019, S.4).

Der Ablauf der einzelnen *Feinschmeckerstunden* kann wie folgt skizziert werden: Als Erstes waschen sich die Kinder die Hände und erfahren in der Begrüßungsrunde, welche Lebensmittelgruppe in der aktuellen Stunde behandelt wird. Anschließend folgt die erste wichtige Instanz: Die Begegnung mit dem jeweiligen Lebensmittel. Hier erlernen die Kinder die Methode „Die fünf Sinne", mit der sie ihre Wahrnehmung sowie das Sprechen und Ausdrücken ihrer Empfindungen und Eindrücke schulen.

Die Hand mit ihren vier Fingern und dem Daumen sind eine gute Hilfestellung für Kinder, um sich die fünf Sinne merken zu können. Bei jedem Lebensmittel kann diese Methode zur Sinneswahrnehmung eingesetzt werden.

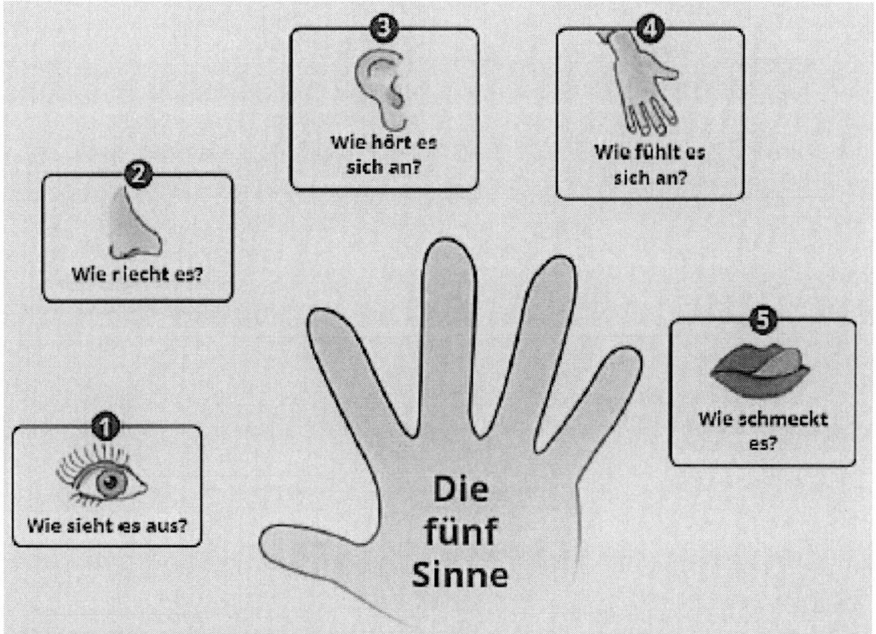

Abb. 9 Die fünf Sinne zum Probieren der Lebensmittel

1. Die Kinder beschreiben detailliert, was sie sehen, dabei sollen sie auf Größe, Form, Farbe, Muster und weitere Auffälligkeiten eingehen.
2. Die Kinder riechen an den Lebensmitteln. Hier soll die Konzentration auf alle spezifischen Eindrücke wie Aroma, Frische, Würze, aber auch Süße oder Bitterkeit gelenkt werden.
3. Die Kinder verwenden den Hörsinn. Nicht immer lassen sich Geräusche vernehmen, so ist es besonders beim Vergleich zwischen stillem und kohlensäurehaltigem Wasser interessant, genau hinzuhören.

Abb. 10 Wie hört sich ein Stück Brot an?

4. Die Kinder nutzen ihren Tastsinn, um das Lebensmittel anzufassen und zu beschreiben. Fühlt sich das Lebensmittel weich oder hart an, glatt oder pelzig, klebrig usw.
5. Die Kinder probieren das Lebensmittel und dürfen auch hier wieder ihre Eindrücke verbalisieren. Der Geschmack kann hier beschrieben werden (süß, sauer, salzig, scharf, bitter usw.) aber auch das Gefühl, welches das Lebensmittel im Mundraum hinterlässt.

Nach dieser „Die fünf Sinne-Methode" dürfen sich die Kinder äußern, ob ihnen das Lebensmittel geschmeckt und welche Vorgehensweise eventuell diese Entscheidung beeinflusst hat (vgl. Bethge; Brüggemann 2019, S.7).

Weiter gedacht...

Neben den Regeln der Wortbildungs- und Satzbildungslehre spielen Erzählschemata (Ich-Erzählung, Rückblende usw.) eine wichtige Rolle, um erfolgreich an zwischenmenschlicher Kommunikation teilnehmen zu können (vgl. Plinz 2018, S.68). Mit der Methode „Die fünf Sinne" können die Kinder ihren Wortschatz erweitern und z. B. viele neue Adjektive, aber auch Nomen kennenlernen.

Beispiel:
Thema: Regional/Saisonal
Die Lehrkraft hat einen Pfirsich mit in den Unterricht gebracht und eine Schülerin rief erfreut: „Oh, ein schrumpeliger Apfel!"
Das Mädchen lernte in dieser Sachunterrichtsstunde das Nomen Pfirsich und das Adjektiv pelzig.

Fächerübergreifender Unterricht mit dem Deutsch-Unterricht ist hier gegeben.

Nach der Durchführung der Methode „Die fünf Sinne" folgt in jeder Unterrichtsstunde eine Praxiseinheit, die die Lebensmittelgruppe, welche im Vordergrund der jeweiligen Feinschmeckerstunde steht, thematisiert. In der ersten Unterrichtsstunde mischen die Kinder gemeinsam mit der Lehrperson Wasser mit Säften und verändern so den Geschmack. Die Kinder verarbeiten in den darauffolgenden Unterrichtsstunden verschiedenes Gemüse zu Gemüsespießen, testen verschiedene Apfelsorten und spielen Bewegungsspiele zu unterschiedlichen Obstsorten. Aus dem vollen Haferkorn stellen die Kinder Haferflocken her und testen verschiedene Getreideprodukte. Die Schüler*innen bereiten im weiteren Unterrichtsstundenverlauf einen Fruchtjoghurt zu und probieren verschiedene Milchprodukte. Zum Abschluss des Konzeptes folgt eine Feinschmeckerstunde zum Thema Süßigkeiten (vgl. ebd. S.10-23). In der Ernährungspyramide ist der Baustein für Süßigkeiten und Fast Food mitaufgeführt und ist ebenso relevant wie die anderen Bausteine. Eine ausgewogene Ernährung erlaubt auch diesen Baustein. Durch das Pyramidensystem erkennen die Kinder, dass dieser Baustein ganz oben in der Pyramide steht, rot gekennzeichnet und eine Portion am Tag davon erlaubt ist.

Zu berücksichtigen sind hier eventuelle Lebensmittelunverträglichkeiten der Kinder. Auf diese Thematik wird in Kapitel 6.5 weiter eingegangen. Aber auch das Thema „Veganismus" könnte bei diesem und den folgenden Ernährungskonzepten eine Rolle spielen. Deshalb wird in Kapitel 6.6 dieser Sachverhalt aufgegriffen, da der Zeitgeist der Ernährung eine große Rolle beim menschlichen Essverhalten spielt und die einzelnen Essbiographien dadurch beeinflusst werden können.

Weiter gedacht…

Je nach Saisonalität und Regionalität können die Lebensmittel entsprechend ausgewählt werden.
Statt Säfte bieten sich auch Wasser mit Kräutern an:

Abb. 11 Minzwasser

Statt einer Haferquetsche kann auch eine Getreidemühle zum Einsatz kommen.

Abb. 12 Getreidemühle

Der Kreativität sind keine Grenzen gesetzt.

Nach der jeweiligen Praxiseinheit erfolgt im Anschluss die Sicherung des Erlernten. Gemeinsam mit der Lehrkraft betrachten die Schüler*innen die Ernährungspyramide und verorten das jeweilige Lebensmittel aus der stattgefundenen Feinschmeckerstunde in den Ebenen der Ernährungspyramide. Ein Aspekt ist hier, dass die Kinder erkennen, wieviel sie von diesem Lebensmittel konsumieren dürfen. Zusätzlich erhält jedes Kind einen Stickerbogen mit verschiedenen Produkten der jeweiligen Lebensmittelgruppen, welche sie entsprechend dem stattgefundenen Verzehr oder den persönlichen Geschmäckern auf ihre Pyramide kleben dürfen (vgl. ebd. S.10).

Zum Abschluss einer jeden Feinschmeckerstunde singt die Klasse gemeinsam das Lied „Die Hitpyramide", welches aus einem festen Refrain besteht:

„Die Pyramide ist der Hit, hält wirklich jeden fit
die Pyramide lässt uns messen, was wir am besten essen
sie zeigt und alles, was es gibt, und gibt uns manchen Tipp
Die Pyramide ist der Hit, hält wirklich jeden fit." (vgl. ebd. S.8).

In jeder *Feinschmeckerstunde* erlernen die Kinder eine neue Strophe des Lieds, in welcher das aktuell behandelte Lebensmittel oder die Lebensmittelgruppe aufgegriffen und Hinweise zur Verzehrmenge gegeben werden (vgl. ebd., S.8).
Zum Abschluss der gesamten Einheit sieht das Konzept ein gemeinsames Abschlussbüfett vor, zu dem die Eltern und/oder andere Gäste eingeladen werden. Das Abschlussbüfett ist eine Sicherungsmethode des Erlernten. Die Schüler*innen singen den Gästen das Lied „Die Hitpyramide" vor und bereiten anschließend in gemischten Gruppen (Kinder und Gäste) verschiedene Getränke und Speisen für das Büfett vor. Nach den Zubereitungsphasen der Speisen und Getränke präsentieren die Gruppen ihre Büfettbeiträge und platzieren diese auf dem Büfett. Die Speisen und Getränke werden gemeinsam probiert, wofür die Kinder ihren Eltern auch das Probierprinzip „Die fünf Sinne" zeigen und gemeinsam mit ihnen durchführen können. Durch das Abschlussbüfett und die Sicherung des Erlernten findet auch eine Sensibilisierung der Eltern für das Thema „Gesunde und klimabewusste Ernährung" statt. Mit einer abschließenden Vorführung der Schokoladenübung aus der letzten Feinschmeckerstunde können die Kinder ihren Eltern ebenfalls zeigen, dass wenig Süßes für den Genuss ausreichend ist (vgl. Bethge, Brüggemann, 2019, S.24f.).

Weiter gedacht...

Die Elternarbeit in der schulischen Ernährungsarbeit ist relevant, um nicht nur den Kindern eine motivierende ausgewogene Ernährung zu vermitteln, sondern auch den Eltern. Die Familie ist in allen Kulturen die hauptsächliche Sozialisationsinstanz. Ernährung ist in Familien eine sensible und sehr persönliche Angelegenheit. Wer lässt sich schon gerne in die Töpfe schauen? Für Lebensmittel im Sachunterricht fallen Kosten an, die häufig von den Eltern getragen werden müssen. „Warum muss ich Geld für Essen im Unterricht zahlen?! Mein Kind kann zu Hause essen!" Das sind häufig Aussagen, die die Lehrkräfte zu hören bekommen.

Tipp: Im hiesigen Supermarkt einmal nachfragen, ob Lebensmittel für Ernährungsprojekte gespendet werden können. Nur Mut!

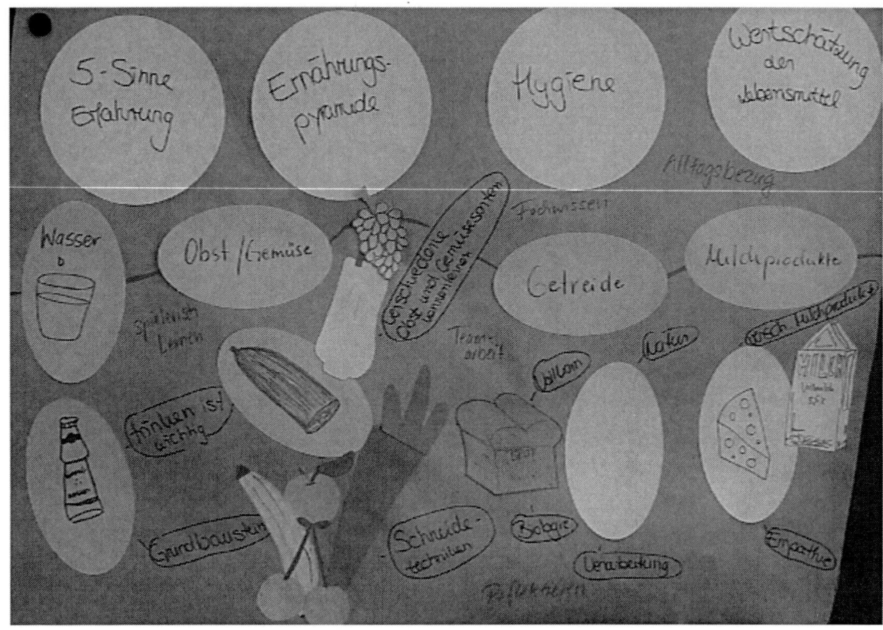

Abb. 13 „Für die Eltern dokumentiert“, Bsp. 1

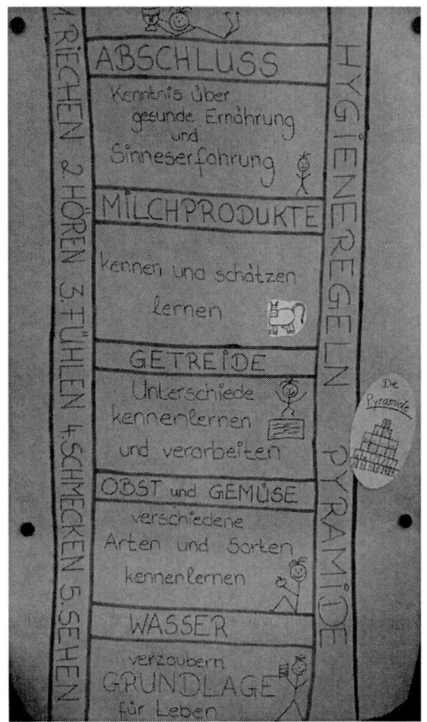

Abb. 14 „Für die Eltern dokumentiert“, Bsp. 2

Spiralförmig gedacht:

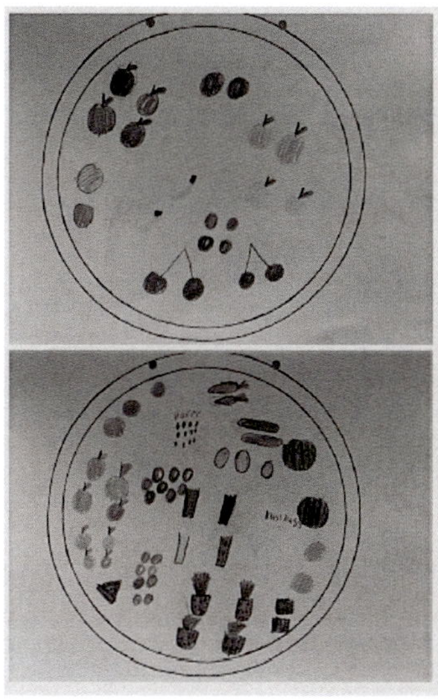

Abb. 15 Kinderzeichnung Quelle: Hennig

Die obere Zeichnung wurde vor der Durchführung des Konzeptes gemalt und die untere Zeichnung nach der Konzeptdurchführung. Es kann festgehalten werden, dass die Zeichnung eine Möglichkeit zur Aktivierung des Vorwissens der Schüler*innen geboten hat und den gemeinsamen Austausch über Ernährung in der Gruppe begünstigte. Durch die erneute Durchführung im Anschluss an das Projekt war es möglich, hinsichtlich des Wissenszuwachses der Kinder Rückschlüsse zu ziehen und festzustellen, dass Prozesse des Umdenkens bezüglich der gesunden Ernährung in den Köpfen der Kinder stattgefunden haben. Dieses Vorwissen ermöglicht der Lehrkraft die Kinder dort abzuholen wo sie in Bezug der Ernährungsbildung stehen.

Zusammenfassend lässt sich sagen, dass der Feinschmeckerkurs bereits in der 1. Jahrgangsstufe bei der Ernährungsbildung ansetzt und evtl. auf die schon bekannte Ernährungspyramide aus der Kita aufbauen kann. Durch die Sinnesschulung kann ein Bewusstsein für Lebensmittel und deren Vielfalt sowie eine Geschmacksbildung geschaffen werden. Das kann die Basis für komplexere Themen und für die anschließende Wissensvermittlung über Ernährung, Ernährungsweisen und die Herkunft von Lebensmitteln sein. In der weiteren Grundschulzeit und dann auch auf der weiterführenden Schule können diese Aspekte fortgeführt und nach dem Spiralprinzip aufgebaut und behandelt werden. Die Ernährungspyramide kann hier als Beispiel genannt werden: Sie wird mithilfe des Feinschmeckerkurses kennengelernt, in einfacher Form aufgegriffen und von den Kindern als Grundlage für eine ausgewogene und sinnstiftende Ernährung erfahren. In den höheren Klassenstufen kann die Ernährungspyramide in komplexerer Form behandelt und stets auf sie zurückgegriffen werden.

5.2 Der Ernährungsführerschein

Der Ernährungsführerschein ist ein Unterrichtskonzept, welches ab der dritten Jahrgangsstufe der Grundschule eingesetzt werden kann. Er ist so konzipiert, dass eine selbstständige Durchführung im Klassenzimmer (ohne Schulküche) durch die Lehrkraft jederzeit möglich ist. Die Basis bildet die Ernährungspyramide – wie auch schon im vorherigen Ernährungskonzept. Auch hier soll Ernährungsbildung mit allen Sinnen vermittelt werden.

„Mit der Durchführung des „Ernährungsführerscheins“ sollen die Schüler Kenntnisse und Fähigkeiten für ein eigenverantwortliches Handeln hinsichtlich ihres eigenen Ernährungsverhaltens erwerben.“ (Pötting 2011, S.52)

Wie in der Fahrschule beim Erwerb des Führerscheins gliedert sich der Ernährungsführerschein auch in einen theoretischen und praktischen Teil.

Gut zu wissen...

Für das „Ernährungsführerschein-Dokument“ ist ein Feld für ein Foto von dem einzelnen Kind vorgesehen. Sollte kein Foto vorhanden sein, dürfen die Kinder sich auch selbst malen.

übergeordnetes Ziel des Ernährungsführerscheins kann die Erweiterung des Wissens im Themenfeld Ernährung angesehen werden.

Gut zu wissen…

„Unter **Ernährungswissen** wird einerseits ein naturwissenschaftlich und medizinisch begründetes Wissen verstanden, von dem Richtlinien und -werte für eine als gesund geltende und bedürfnisgerechte sowie die menschlichen Körperfunktionen aufrechterhaltende Ernährung abgeleitet werden. Andererseits sind mit dem Ernährungswissen auch bestimmte Ernährungsweisen und -stile verbunden, wie z.B. die Vollwerternährung und der Vegetarismus. Angaben über die in Lebensmitteln enthaltenen Nährstoffe, Kalorien sowie die Nährstoffdichte können das Ernährungswissen umfassen. Häufig bezieht sich das Ernährungswissen der allgemeinen Bevölkerung allerdings nicht auf diese spezifischen Angaben zu einem Lebensmittel, sondern eher auf das Wissen um empfehlenswerte Lebensmittel allgemein sowie der empfohlenen Menge des Verzehrs.“ (Molderings 2007, S.13).

Der Ernährungsführerschein bietet eine praktische und theoretische Unterstützung für Lehrkräfte (auch fachfremd), damit Schüler*innen Kompetenzen im Umgang mit Lebensmitteln, mit Esssituationen, mit Esskultur und als Verbraucher entwickeln können (vgl. Cramm et. al. 2005). Ziel ist es dabei, den Schüler*innen nicht nur theoretisches Wissen, sondern auch praktische Kenntnisse und Alltagskompetenzen zu vermitteln. Hinzu kommt, dass Kinder es lieben, einen Führerschein zu bekommen. Sie sind stolz, und es motiviert sie sich weiter mit dem Thema Ernährung zu beschäftigen. Wenn Kinder die Grundbasis haben, sich kritisch mit Lebensmitteln auseinanderzusetzen, lernen sie was für sie und ihren Körperfunktionen gut und wertvoll ist. Bei diesem Unterrichtskonzept ist zu berücksichtigen, dass keine Bewegungseinheiten vorgesehen sind.

In diesem Ernährungskonzept wird ein Fokus auf die Vermittlung von Alltagskompetenzen gesetzt. Diese Alltagskompetenzen sollen den Kindern Spaß an der Zubereitung von Speisen vermitteln und sie motivieren ins Handeln zu kommen. Lernen mit allen Sinnen steht auch hier im Vordergrund. Der Ernährungsführerschein soll nicht als ein einmaliges Projekt gesehen werden. Die Unterrichtseinheiten haben

Wiederholungscharakter und Potenzial zum Weiterdenken und Arbeiten im Kontext einer ausgewogenen Ernährung.

Die folgende Abbildung führt die einzelnen Alltagskompetenzen auf.

Abb. 16 Alltagskompetenzen

Das Unterrichtskonzept umfasst sechs Unterrichtseinheiten, welche jeweils aus einer Doppelstunde bestehen. Optional kann eine „warme Einheit" als siebte Doppelstunde unterrichtet werden. Die Stunden laufen alle nach dem gleichen Prinzip ab. Dies soll dazu dienen, dass die Lehrkraft sowie die Schüler*innen mit der Zeit Routine entwickeln. Es gibt vier Schwerpunkte, die in jeder Einheit aufgegriffen werden. Dazu zählen als Basis des Ernährungsführerscheins die Ernährungspyramide, das hygienische und sichere Arbeiten mit Lebensmitteln und Arbeitsgeräten, die Lebensmittelzubereitung und das gemeinsame Essen und die damit verbundene Tischkultur.

Die Unterrichtseinheiten eins bis vier beginnen jeweils als lehrerzentrierter Unterricht, welcher Übungen im Klassenverband, wie z.B. den Brottest einschließt. Nachdem die Schüler*innen im ersten Teil der Doppelstunde in Kleingruppen einen theoretischen Input bekommen haben, geht es im zweiten Teil der Doppelstunde um die Zubereitung von Speisen, welche anschließend gemeinsam verzehrt werden. Die theoretische und die praktische Prüfung finden in den Einheiten fünf und sechs statt. Hier können die Schüler darlegen, was sie in den vier Einheiten zuvor gelernt haben.

Da die Schüler*innen erst in der zweiten Unterrichtseinheit lernen, das Gemüse eigenständig zu waschen und zu zerkleinern, werden die benötigten Lebensmittel für diese erste Einheit von der Lehrkraft bereits zerkleinert und aufgeteilt in Frischhaltedosen mitgebracht. Ab der zweiten Unterrichtseinheit bekommen die Schüler*innen sogenannte Mitbringaufträge, in denen sie erfahren, was sie für ihre Gruppe mitbringen müssen, denn ab diesem Zeitpunkt obliegt es den Kindern, die notwendigen Lebensmittel und Arbeitsgeräte mitzubringen (vgl. Baumgarten 2018, S.26f.).

Jede Unterrichtseinheit hat einen anderen thematischen Schwerpunkt. Begleitet werden die einzelnen Einheiten von Kater Cook, welcher eine gezeichnete Comic Figur ist, die den Schüler*innen bei wichtigen Lernschritten helfen soll. „Dies entspricht wahrscheinlich dem Ansatz des Lernens am Modell. Kater Cook soll als Vorbild dienen, der zur Nachahmung motiviert.“ (Pötting 2011, S.48).

Bevor das Projekt starten kann, erhalten die Eltern einen Elternbrief mit allen wichtigen Informationen über den Ernährungsführerschein und eine Liste mit den Sachen, die ihr Kind in die Schule mitbringen soll. Hilfreich ist die Unterstützung von Eltern, Großeltern etc. *„Während der Durchführung des Ernährungsführerscheins sind die Eltern wichtige Unterstützer und Partner: Sie geben den Kindern Arbeitsgeräte und Lebensmitteln mit, interessieren sich für die Rezepte und unterstützen ihre Kinder beim Nachkochen zu Hause.“* (BZfE 2018, S.10)

Zum besseren Verständnis wird nachfolgend ein Überblick über die einzelnen Einheiten des Ernährungsführerscheins gegeben.

In der ersten Einheit, „Lustige Brotgesichter“, lernen die Schüler*innen zunächst Kater Cook kennen, welcher ihnen die Ernährungspyramide und das Pyramidenfrühstück vorstellt. Das Pyramidenfrühstück besteht aus den vom Forschungsinstitut für Kinderernährung Dortmund der Universität Bonn geforderten Bestandteilen: Getreide, Obst und/oder Gemüse, Milch beziehungsweise Milchprodukte sowie einem ungesüßten Getränk (vgl. Kersting et al. 2003). Die erste Stunde endet mit einem Brottest, bei dem die Schüler*innen drei verschiedene Brotsorten sensorisch nach Aussehen, Geruch und Geschmack beurteilen sollen (vgl. Pötting 2011). Die zweite Stunde startet mit der Zubereitung der Brotgesichter. Die Plätze wurden bereits für die Schüler eingerichtet, sodass sie sich ganz auf das Rezept und die damit verbundene Zubereitung konzentrieren können. Nach der Zubereitung üben die Schüler*innen das Reinigen der Arbeitsplätze. Anschließend werden Hausaufgaben und Mitbringaufträge ausgeteilt und besprochen. Die Stunde endet mit dem gemeinsamen Essen der zubereiteten Brotgesichter.

Weiter gedacht....

Bei der Durchführung des Konzeptes „Der Ernährungsführerschein“ kann es vorkommen, dass ein Kind ihr lustige Brotgesicht nicht essen möchte, weil das lustige Brotgesicht so toll aussieht.

Tipp: Die lustigen Brotgesichter der einzelnen Kinder fotografieren und den Kindern in einer der nächsten Unterrichtsstunde mitgeben. Dadurch haben die Schüler*innen eine tolle Erinnerung und nehmen die Idee mit nach Hause.

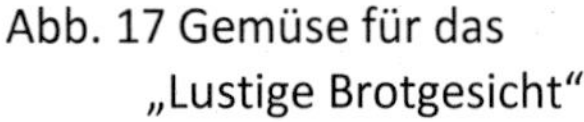

Abb. 17 Gemüse für das „Lustige Brotgesicht“

Abb. 18 Lustiges Brotgesicht

Die zweite Einheit trägt den Titel „Knabbergemüse“ und beginnt mit der Besprechung der Hausaufgaben der letzten Einheit. Aus den Hausaufgaben leitet sich der thematische Schwerpunkt für die zweite Einheit ab. Die Hygiene am Arbeitsplatz und im Umgang mit Lebensmitteln soll im Vordergrund stehen und wird den Kindern sowohl durch die Besprechung der Hausaufgaben als auch mit Hilfe der Folie „Startklar?“ zugänglich gemacht. Anschließend liest die Lehrkraft zusammen mit den Schüler*innen das Rezept vor und bringt damit den Kindern den Aufbau eines Rezeptes näher. Wichtig dabei ist, dass die Schüler*innen bei jedem Rezept erkennen können, wie viele Bausteine sie von welcher Lebensmittelkategorie zu sich nehmen. Im Fall des Knabbergemüses sind es beispielsweise eine Portion Gemüse und eine halbe Portion Milch. Außerdem bespricht die Lehrkraft mit den Kindern Fragen und Unklarheiten und das Einrichten der Arbeitsplätze. Nachdem die Kinder ihren Arbeitsplatz eingerichtet haben, wird der Umgang mit scharfen Messern und

Sparschälern besprochen. In den bereits festgelegten Kleingruppen erfolgt nun die Zubereitung. Vor dem gemeinsamen Essen werden die Hausaufgaben und die Mitbringaufträge für die dritte Einheit verteilt und besprochen. Das gemeinsame Essen bildet den entspannten Abschluss.

Die dritte Einheit, „Nudelsalat", ähnelt in Ablauf und Struktur den ersten beiden Einheiten. Auch hier werden zunächst die Hausaufgaben der letzten Einheit besprochen und es wird geprüft, ob alle Schüler „Startklar" sind. Anschließend werden die Hygieneregeln und der Umgang mit scharfen Arbeitsgeräten wiederholt und ergänzt. Auch das Schneiden, Raspeln, Abmessen und Schütteln der Salatsoße werden den Schüler*innen erklärt und demonstriert. In der zweiten Stunde bereiten die Kinder anhand des Rezeptes den Nudelsalat zu. mit Hilfe der Impulsfragen auf der Folie „Fertig?", reinigen sie ihre Arbeitsplätze und Arbeitsgeräte. Auch in dieser Einheit werden Hausaufgaben und Mitbringlisten (Einheit vier) verteilt und besprochen, bevor gemeinsam der Tisch gedeckt und gegessen wird.

Die vierte Einheit, welche sich mit dem „Fruchtigen Schlemmerquark" beschäftigt, gleicht in Ablauf und Struktur den vorhergehenden Einheiten. Zunächst werden wieder die Hausaufgaben der letzten Einheit besprochen. Der Schwerpunkt dieser Doppelstunde liegt allerdings im Erlernen des Umgangs mit leicht verderblichen Lebensmitteln, in diesem Fall Milch und Milchprodukten. Die Milchprodukte werden in der Ernährungspyramide platziert und die Vielfalt der Milchprodukte durch ein Spiel verdeutlicht. Anschließend wird das Rezept gelesen und der Arbeitsplatz dementsprechend eingerichtet. Bevor die Schüler*innen mit der Zubereitung beginnen, bespricht und demonstriert die Lehrkraft mit der Klasse die „Chefkochprobe". Kinder lieben das Wort „Chefkochprobe" (Anmerkung Plinz). Diese zeigt den Kindern, wie Speisen hygienisch einwandfrei abgeschmeckt werden können. Die Schüler*innen bereiten nun den Obstquark zu, welchen sie durch die Verwendung frischer und möglichst saisonaler Obstsorten süßen. So soll den Schüler*innen eine Alternative zu den Fertigprodukten aufgezeigt werden, die häufig sehr hohe Mengen an raffiniertem Zucker enthalten. Auch in dieser Einheit werden anschließend die Hausaufgaben ausgeteilt und besprochen. Des Weiteren wird ein Ausblick auf die theoretische Prüfung in der nächsten Einheit gegeben. Abschließend wird gemeinsam der Tisch gedeckt und in ruhiger Atmosphäre gegessen.

Die optionale „warme" Einheit ist für den Abschlusstest nicht relevant, da für die heißen Kartoffelgerichte eine Küchenzeile mit Spüle, eine Kochstelle und ein Backofen benötigt werden (vgl. BZfL 2018, S.129). In dieser Einheit widmen sich die Fachinformationen und methodisch-didaktischen Hinweise der Kartoffel, die botanisch zum Gemüse gehört. In der Ernährungspyramide zählen sie zu den

Beilagen, da sie eine sehr sättigende Stärke besitzen. Dieser Baustein kann mit Hilfe der Ernährungspyramide den Kindern erläutert und thematisiert werden.

Hier kann die Lehrkraft die Möglichkeiten aufzeigen, dass diese warme Einheit zu Hause mit den Eltern gemeinsam ausprobiert werden kann.

Weiter gedacht...

Sollte eine Schulküche vorhanden sein und es besteht dadurch die Möglichkeit zu kochen, kann hier der Verweis auf Kapitel 5.4 „Ich kann kochen" gegeben werden. Diese Ernährungsinitiative bietet eine Vielfalt von Rezepten für Grundschulkinder.

Das Thema Esskultur (s. Kapitel 6.1) könnte in dieser Einheit einen Platz finden, da jedes Land, jede Region und jede Familie typische Gerichte haben, die in der Unterrichtspraxis ihren Platz finden können.

Das gemeinsame Kochen vermittelt Ernährungswissen!

Abb. 19 Anregungen für das Nachkochen für Zuhause bieten

Die fünfte Einheit stimmt in Ablauf und Struktur nicht mehr mit den vorherigen Einheiten überein, denn sie beginnt mit der theoretischen Prüfung. Bei dieser Prüfung handelt es sich um einen schriftlichen Test, der anhand von zehn Fragen die Kernbotschaften der Einheiten eins bis vier abfragt. Nachdem der Test geschrieben wurde, schließt sich ein Rollenspiel an. Mittels dieses Rollenspiels decken die Schüler*innen den Tisch und überprüfen, ob sie ihn richtig gedeckt haben. Des Weiteren lernen die Kinder die Besteckssprache kennen und verstehen. Auch die Bedeutung von Tischregeln für eine entspannte und ruhige Essatmosphäre wird besprochen. Am Ende der Doppelstunde wird die praktische Prüfung vorbereitet. Die Klasse bearbeiten in ihren Kleingruppen und anschließend im Plenum, welche Gäste eingeladen werden, welche Gruppe welche Gerichte zubereitet und wer für die Tischdekoration zuständig ist. Abschließend werden die Hausaufgaben und Mitbringaufträge (Einheit 6) ausgeteilt und besprochen.

Die sechste und letzte Einheit umfasst die praktische Prüfung, welche aus zwei Stationen besteht und mit dem gemeinsamen Essen mit den eingeladenen Gästen (z.B. eine Parallelklasse oder auch Eltern) endet. Die Klassengemeinschaft bereitet für ihre Gäste ein kaltes Büffet zu, welches aus drei zuvor ausgewählten Speisen der Einheiten eins bis vier besteht. Die Küchenpraxis ist die erste Station. Die zweite Station befasst sich mit der Esskultur. Dort werden Arbeitsblätter zum Thema bearbeitet, Tische eingedeckt und Servietten gefaltet. Die Stationen werden abwechselnd von den Schüler*innengruppen bearbeitet. Anschließend werden die Gäste empfangen, und es wird gemeinsam gegessen. Den Abschluss stellt das Überreichen der Ernährungsführerscheindokumente dar. (vgl. Baumgarten 2018, S.27f).

Der Ernährungsführerschein ist ein schüler*innen- und handlungsorientiertes Konzept zur altersgerechten Ernährungsbildung in der Grundschule.

„Neben der Förderung praktischer Fähigkeiten geht es dabei um die Förderung des Behaltens und Erinnerns, um den Aufbau kognitiver Strukturen, um die Entwicklung von Handlungskompetenz und Selbstvertrauen sowie um die Entwicklung von sozialen und kommunikativen Fähigkeiten durch handlungsintensive Lernprozesse." (Möller 2007, S. 413)

Das Konzept kann beliebig durch weitere Materialien zur Ernährungsbildung ergänzt, und weitere Unterrichtseinheiten können bei Bedarf folgen. Weitere Ideen sind im sechsten Kapitel aufgeführt. Für die unterschiedlichsten Lernvoraussetzungen der Schüler*innen enthält das Konzept Materialien für den differenzierten Unterricht.

Weiter gedacht...

Wenn in der Grundschule eine Schulküche mit Backöfen vorhanden ist, kann aus den lustigen Brotgesichtern auch ein lustiges „Pizzagesicht“ werden.

Abb. 20 Zutaten Pizza

Abb. 21 „Pizzagesicht“

Der Ernährungsführerschein kann auch in der 4. Jahrgangsstufe durchgeführt werden. Es bietet sich an, ihn zum Ende des Schuljahres durchzuführen und dann das Abschlussbuffet für ein gemeinsames Sommer- bzw. Abschlussfest mit den Eltern zu nutzen. Dort können die Kinder präsentieren, was sie gelernt haben, und die Ernährungsführerscheine können bei diesem gemeinsamen Abschluss feierlich überreicht werden.

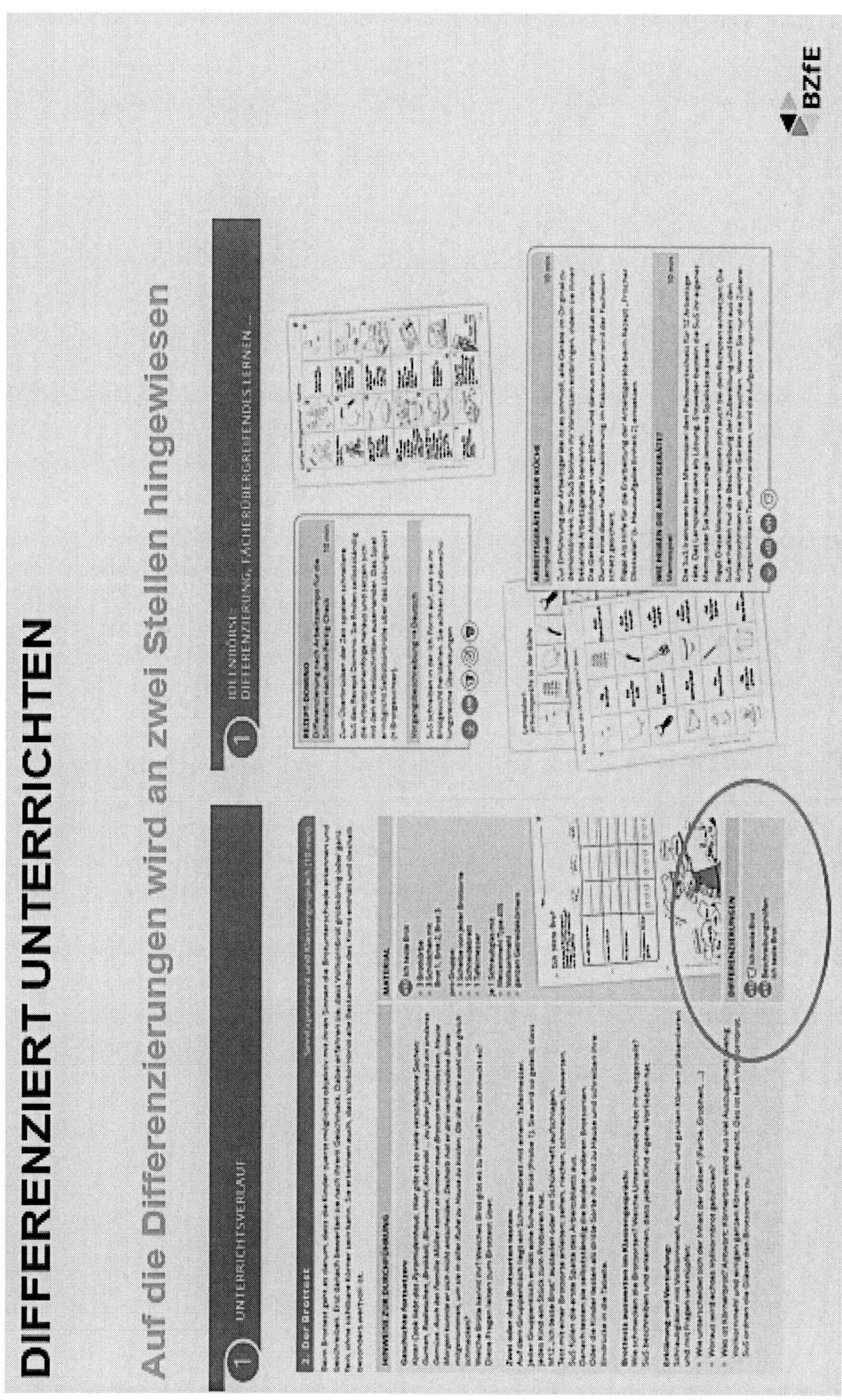

Abb. 22 Der Ernährungsführerschein „Differenzierte Unterrichten“

Der Vorteil des Konzeptes ist es - im Gegensatz zu vielen anderen Konzepten -, dass im Downloadbereich beim BZfE alle Materialien als Word-Dokumente aufgeführt sind. So kann jede Lehrkraft die Materialien für ihre individuellen Bedarfe herunterladen und modifizieren.

Das BZfE (Bundeszentrum für Ernährung) bietet Fortbildungen für Lehrkräfte zum Ernährungsführerschein an. Aufbauend auf das Konzept „Der Ernährungsführerschein“ kann in den weiterführenden Schulen oder auch zum Teil in der 4. Jahrgangsstufe der Grundschule folgendes Material eingesetzt werden.

5.3 SchmExperten im Klassenzimmer (5./6. Klasse). Wissen, das schmeckt! SchmExperten in der Lehrküche

Zur Ernährungsbildung an weiterführenden Schulen gibt es vom Bundeszentrum für Ernährung (BZfE) zwei Konzepte, die sich gut miteinander verknüpfen lassen und als Basis mit der Ernährungspyramide arbeiten. Das erste Konzept „SchmExperten im Klassenzimmer (5./6. Klasse). Wissen, das schmeckt!“ ist ein flexibles und offen einsetzbares Unterrichtsmaterial und richtet sich an die 5. und 6. Jahrgangsstufen aller Schulformen (vgl. Brüggemann; Kaiser. BZfL).

„Mit kooperativen Lernformen, Reflexion, SinnExperimenten und weiteren schüler- und handlungsorientierten Methoden wird zum Handeln im Alltag motiviert. Kernstück des Vorhabens ist die Zubereitung kleiner kalter Gerichte. Der praktische Umgang mit Lebensmitteln ist Ausgangspunkt zahlreicher weiterer Aktivitäten zu den Themen Hygiene, Lebensmitteleinkauf, Kennzeichnung und Esskultur.“ (ebd.)

Für das bessere Verständnis im Kontext des Spiralcurriculums werden die beiden Ernährungskonzepte für die weiterführende Schule kurz und knapp dargestellt. Das Material kann auch für Schüler*innen der 4. Jahrgangsstufe eingesetzt werden, insbesondere, wenn zusätzliches Material für Kinder mit dem Drang nach „mehr Ernährungswissen“ benötigt wird.

Gut zu wissen….

„SchmExperten schmecken, experimentieren und werden Experten für gesundheitsförderliches und klimafreundliches Essen und Trinken. Im Mittelpunkt des Unterrichtkonzeptes für die Klassen 5 und 6 steht die Praxis: Die Jugendlichen bereiten selbstständig kleine kalte Gerichte im Klassenzimmer zu und genießen sie gemeinsam.“ (ebd.)

STECKBRIEF: SCHMEXPERTEN

- 8 fertige Unterrichtseinheiten à 3 h und Fundgrube für den selbst konzipierten Unterricht
- für alle Schüler*innen der 5./6. Klasse aller Schulformen
- Ernährungsbildung verknüpft mit Fachpraxis (kalte Gerichte im Klassenzimmer)
- Die Prinzipien: selbstständig forschen, entdecken, bewerten, schlussfolgern, handeln, reflektieren

Schmecken + Experimentieren + Experte werden

BZfE

In jeder Einheit werden folgende Aspekte berücksichtigt:

- Fachinformationen und didaktische Hinweise
- Möglicher Unterrichtsverlauf
- Ideenbörse
- Impulse für fächerübergreifendes Lernen
- Transfer ins Schulleben
- Vorlagen für Arbeitsblätter, Folien etc. (ebd.)

Die Themen der Unterrichtseinheiten setzen sich wie folgt zusammen:

Thema 1:	Coole Drinks
Thema 2:	Die Profiküche
Thema 3:	Power-Sandwiches
Thema 4:	Fingerfoods mit Dip
Thema 5:	Prima-Pasta-Salate
Thema 6:	Fruit Dreams und Milchshakes
Thema optional:	Party für Friends – Die Generalprobe
Thema 7:	Dinner for Guests – Die praktische Prüfung

Die erste Einheit „Coole Drinks" z.B. beschäftigt sich mit dem Thema Getränke. Folgender Kompetenzaufbau der Schüler*innen wird angestrebt:

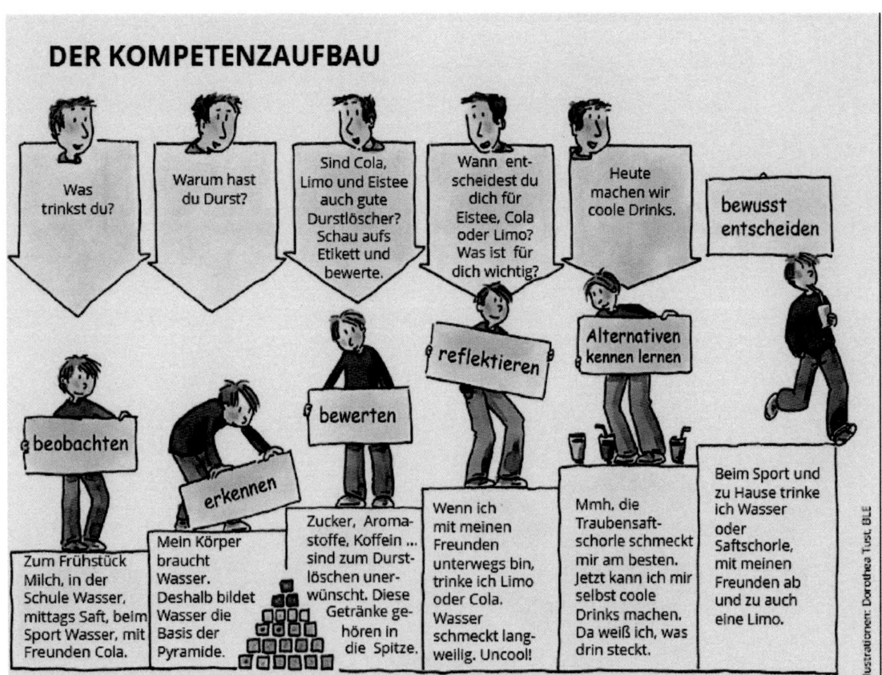

Abb. 23 Kompetenzaufbau „Coole Drinks"

Das Konzept „SchmExperten in der Lehrküche" greift das didaktische Konzept vom Konzept „SchmExperten im Klassenzimmer (5./6. Klasse). Wissen, das schmeckt!" auf und erweitert es entsprechend den Vorgaben für den Fachunterricht in der 6.-8. Klassenstufe. In diesem Material finden sich Rezepte für die warme Küche wieder, aber auch viele weitere, bildungsrelevante Themen und Inhalte zur Ernährungs- und Verbraucherbildung. Themen sind hier z.B. Esskultur, Einkauf und Kennzeichnung. Das selbstständige Arbeiten und der Erwerb von Alltagskompetenzen werden hier in den Fokus gesetzt (vgl. Bilo. BZfE).

„Die Schülerinnen und Schüler lernen verschiedene Geschmacksrichtungen kennen und sehen, welche Auswirkungen einzelne Zutaten auf das Gesamtergebnis haben. Ziel ist, dass sie am Ende der Unterrichtsreihe eine Lebensmittelauswahl im Alltag treffen, die gesundheits- und bedürfnisorientiert ist. Dazu gehört auch, dass sie ihre eigenen Geschmacksvorlieben kennen (lernen) und Möglichkeiten finden, die Speisen darauf auszurichten." (ebd.)

Das Ziel ist es, dass die Küchenfertigkeiten und Lebensmittelkunde soweit vermittelt werden, dass die Schüler*innen Speisen gesundheitsorientiert bewerten können. Die Freude an der Zubereitung und der Genuss stehen im Vordergrund.

In jeder Einheit werden folgende Aspekte berücksichtigt:

- Methodische-didaktische Hinweise
- Einen möglichen Unterrichtsverlauf
- Weitere Ideen, Vertiefungsmöglichkeiten und Medientipps
- Alle Vorlagen für Arbeitsblätter, Folien etc. (ebd.)

Die Themen der Unterrichtseinheiten setzen sich wie folgt zusammen:

Thema 1: Startklar im Team?

Thema 2: Getränke – Ohne Zucker kein Geschmack?

Thema 3: Gemüse – Auch im Winter frisch auf den Tisch?

Thema 4: Getreide – Landestypisch durch Gewürze?

Thema 5: Kartoffeln – Frisch oder aus der Tüte?

Thema 6: Milch – Mindestens haltbar bis?

Thema 7: Abschlussbüfett – Kreativität erwünscht!

Neben der Ernährungspyramide werden auch Sinn- und KüchenExperimente thematisiert.

Gut zu wissen...

SinnExperimente sollen Neugier wecken und Sinne schärfen.

- Wie sieht es aus?
- Wie fühlt es sich an?
- Wie riecht es?
- Welche Geräusche machte es beim Trinken/Essen?
- Wie schmeckt es?
- Zu welchen Gelegenheiten kannst **du** es trinken/essen?
- Wie schmeckt es **dir**?

KüchenExperimente sollen zum Forschen und Entdecken anregen.

- Fragestellung
- Eure Vermutung
- Eure Beobachtung
- Eure Schlussfolgerung
- Physikalische, chemische und biologische Zusammenhänge erforschen
- Arbeitsgeräte und Küchenkniffe erkunden (BZfE)

Wie schon im Konzept „Der Ernährungsführerschein“ werden auch in beiden Konzepten Differenzierungen beachtet. Die Arbeitsunterlagen sind im Download als Word-Dokumente verfügbar und können so gezielt für die individuelle Klasse modifiziert werden.

Weiter gedacht...

In der Literatur „Ernährungs- und Konsumbildung“ finden wir das Wort SchmeXperimente. Unter anderem verfolgt das SchmeXperimentieren das Ziel, Schüler*innen darin zu fördern, vielfältige Sinnesempfindungen wahrzunehmen. Sinnesbildung und SchmeXperimentieren stehen im Kontext mit der Sprachbildung. Die Kinder sind es zum Teil nicht gewohnt, Nuancen verschiedener Sinneseindrücke differenziert wahrzunehmen sowie zu versprachlichen, da sie nicht immer über den nötigen Wortschatz verfügen (vgl. Bender 2013, S.67).

- Schmecken ausdrücklich erwünscht
- Kein SchmeXperimentieren ohne Praxis
- Kein SchmeXperimentieren ohne Genuss
- Bindeglied zwischen Essalltag und Wissenschaft

(vgl. Oepping o. J., S.9f.)

Abb. 24 SchmeXperiment Milchshakes

Abb. 25 SchmeXperiment Milchshakes mit allen Sinnen

Neben den Ernährungskonzepten vom Bundeszentrum für Ernährung gibt es auch ein Ernährungskonzept, das ebenfalls die Ernährungspyramide als Basis nutzt und gut als Ergänzung zu den Konzepten „Schmecken mit allen Sinnen. Der Feinschmecker-Kurs für 4- bis 7-Jährige“ und „der Ernährungsführerschein“ für den Sachunterricht in der Grundschule eingesetzt werden kann. Im folgenden Kapitel wird das Konzept vorgestellt.

5.4 Ich kann kochen!

„Das schwindende Wissen über die Zubereitung, Herkunft und Vielfalt von Lebensmitteln bei Kindern und Jugendlichen besorgt mich zutiefst. Nachfolgende Generationen verlieren ihre Ess- und Kochkultur und damit die Fähigkeit, sich selbstbestimmt und ausgewogen zu ernähren. Kinder, die Kocherfahrungen sammeln, Geschmäcker ausprobieren, mit Genuss essen lernen und miterleben, wie Lebensmittel in der Landwirtschaft erzeugt werden, ernähren sich gesünder und verhalten sich nachhaltiger gegenüber ihrer Umwelt. Das ist es, was ich mit meiner Stiftung erreichen will!“

(Sarah Wiener, Stiftungsgründerin und Köchin)

Das Projekt „Ich kann kochen!“ ist eine Initiative für praktische Ernährungsbildung von Kita- und Grundschulkindern. Es soll den Grundstein für eine frühe Ernährungsbildung legen, damit Kinder gesund aufwachsen können und zu einer selbstbestimmten Ernährung gelangen. Das Wissen bei Kindern über frische Lebensmittel, ihre Herkunft und Zubereitung schwindet, weil sie heutzutage zu Hause immer weniger Kocherfahrungen machen. Sie sehen ihr Essen meistens erst, wenn es vor ihnen auf dem Teller liegt. Diesem Aspekt will „Ich kann kochen!“ entgegenwirken: Es soll gezeigt werden, wie viel Spaß es macht, sein Essen selbst und frisch zu kochen. Somit lernen die Kinder, Lebensmittel zu begreifen und ihr Essen mehr wertzuschätzen. Das gemeinsame Kochen unterstützt zudem soziale und motorische Fertigkeiten, die durch den Medienkonsum in den letzten Jahren abgenommen haben. Nebenbei wird zusätzlich die sprachliche Entwicklung gefördert, was nicht nur für den Sachunterricht eine wichtige Kompetenz ist, sondern auch für sämtliche anderen Fächer (vgl. Sarah-Wiener-Stiftung 2019).

Ein wichtiger Aspekt dieser Initiative ist außerdem die kostenfreie Weiterbildung von pädagogischen Fach- und Lehrkräften. Zunächst wird gezeigt, wie diese mit Kita- und Grundschulkindern in die praktische Ernährungsbildung einsteigen können und stellt dafür ein Online-Portal mit Rezepten und Arbeitshilfen rund ums pädagogische Kochen mit Kindern zur Verfügung. Währenddessen stehen sie im Erfahrungsaustausch mit anderen Fach- oder Lehrkräften (vgl. ebd.).

Zur Umsetzung und Durchführung stehen insgesamt zehn Module zur Verfügung, welche praxiserprobt sind. Bevor die Module vorgestellt werden, gibt es eine allgemeine Einführung, die beispielsweise die Ausstattung und Planung zur Vorbereitung darstellt sowie das Zeitmanagement und die Hygiene inklusive Sicherheit. Anschließend geht es um die einzelnen Module. Für jedes Modul gibt es zunächst eine Inhaltsübersicht und eine Darstellung der Ziele - sowohl für die Lernenden als auch die Lehrenden. Anschließend erfolgt eine Rezeptübersicht, wobei Interessantes zu den einzelnen Rezepten und den Zutaten hervorgehoben wird und Tipps zur Umsetzung aufgelistet werden. In einer gesonderten Datei sind die Rezepte zum Ausdrucken aufgeführt, die Zutaten werden zum einen für 12 Kinder und zum anderen für zwei Kinder und zwei Erwachsene aufgelistet. Zudem finden sich dort alle benötigten Küchenwerkzeuge und (saisonale) Alternativen für die Zutaten. Auf einer zweiten Seite findet sich eine Schritt- für Schritt-Anleitung zur Zubereitung des Gerichts.

In jedem Modul gibt es eine Arbeitstechnik (beispielsweise waschen und putzen oder schneiden), die im Fokus steht und ein Thema des Tages (beispielsweise Geschmacksbildung oder Körperwahrnehmung), welches behandelt wird. Diese Module können flexibel eingesetzt werden, und es können Veränderungen seitens der Lehrkräfte vorgenommen werden. Beispielsweise sind die Tagesthemen nicht verbindlich den Modulen zugeordnet, auch können Zutaten variiert werden (vgl. ebd.). Seitens der Lehrkraft ist eine flexible Umsetzung und Variation der Rezepte möglich, und es gibt verschiedene Schwierigkeitsstufen. So werden Tipps für bereits „fittere" Kinder genannt, aber auch für Kinder mit Förderbedarf.

Ziel ist es, Schüler*innen schon in jungen Jahren für eine ausgewogene und vielseitige Ernährung zu gewinnen und an die Themen Kochen und Genuss heranzuführen. Der Fokus liegt auf praktischen Kocheinheiten, in denen die Kinder Spaß am Experimentieren und Zubereiten von Gerichten entdecken und sich nachhaltig Wissen über gesunde Ernährung aneignen.

Eine Vielfalt von Rezepten finden die Lehrkräfte auf den Internetseiten der Ernährungsinitiative „Ich kann kochen".

Auf den nächsten beiden Seiten wurde ein Rezeptbeispiel aus dem Konzept „Ich kann kochen" ausgewählt, an dem exemplarisch später der Praxisplaner erläutert wird und die Unterrichtsplanung vereinfachen soll.

Zutaten | 12 Kinder

- 100 g Möhre
- 150 g rote Linsen
- 400 ml Wasser
- 4 EL Olivenöl
- Salz + Pfeffer,
  Gewürze wie Kurkuma, Knoblauch, Orangen- oder Zitronenschale bzw. -saft

Zutaten | 2 Kinder + 2 Erwachsene

- 50 g Möhre
- 75 g rote Linsen
- 200 ml Wasser
- 2 EL Olivenöl
- Salz + Pfeffer,
  Gewürze wie Kurkuma, Knoblauch, Orangen- oder Zitronenschale bzw. -saft

Küchenwerkzeug

- Messer
- Schneidebretter
- Küchenwaage
- kleiner Topf
- Messbecher
- Teigschaber
- hoher Rührbecher
- Pürierstab

(Saisonale) Alternativen

Statt Möhren kann jedes andere Gemüse pur oder gemischt verwendet werden. So z. B.:
Sommer: Tomaten, Paprika oder Zucchini (dann Wassermenge reduzieren)
Herbst: Rote Bete, Kürbis oder Zwiebeln
Winter: Lauch, Sellerie oder Pastinake
Auch lecker: Mit frischen Kräutern von der Fensterbank oder Gewürzen wie Curry, Ingwer oder Paprika abschmecken.

Praktische Ernährungsbildung für Kinder. Eine Initiative von:

Tipps zur Umsetzung finden Sie im Portal für Genussbotschafterinnen auf www.ichkannkochen.de

Abb. 26 Rezept Linsenaufstrich Teil 1

Linsenaufstrich

1 Die Möhren waschen, putzen und in kleine Würfel schneiden. Möhrenwürfel in einen kleinen Topf geben.

Zeigen Sie den Kindern den Tunnelgriff. Möhren lassen sich so leichter der Länge nach halbieren. Auf der Schnittfläche liegend, lassen sich runde Zutaten leichter schneiden.

2 Die Linsen abwiegen und mit in den Topf geben.

Beim Wiegen lernen Kinder praktisch, Mengen einzuschätzen.

3 Das Wasser dazugießen und aufkochen. Abgedeckt für 10 Minuten auf niedriger Stufe köcheln lassen. Sind die Linsen zerfallen, alles in einen hohen Rührbecher umfüllen und kurz abkühlen lassen.

Die Garprobe machen alle Kinder gemeinsam. Vorsicht heiß! Unterstützen Sie die Kinder beim Umfüllen der heißen Linsen-Gemüse-Mischung.

5 Olivenöl dazugeben und pürieren.

Wird das Öl Löffel für Löffel dazugegeben, können mehrere Kinder an diesem Schritt beteiligt werden.

6 Mit Salz, Pfeffer und Gewürzen abschmecken. Aufstrich bis zum Servieren kühl stellen.

Welche Gewürze in den Aufstrich kommen, entscheiden die Kinder. Alternativ kann auch jedes Kind eine eigene Variante kreieren. Verkosten Sie die einzelnen Gewürze vorher gemeinsam.

Tipps & Tricks

Lust auf einen süßen Aufstrich? Dann einfach Butter anstelle von Öl verwenden und die herzhaften Gewürze und Kräuter durch Trockenfrüchte (z. B. Aprikosen) und Vanille ersetzen.

Linsen gehören zu den Hülsenfrüchten und sind eine der ältesten Kulturpflanzen weltweit. Es gibt sie in unterschiedlichen Farben: schwarz, braun, gelb oder rot. Rote Linsen sind im Vergleich zu ihren Verwandten besonders schnell gar. Das liegt daran, dass sie bereits geschält sind.

Praktische Ernährungsbildung für Kinder. Eine Initiative von: Sarah Wiener Stiftung BARMER Stand 03/20

Abb. 27 Rezept Linsenaufstrich Teil 2

Weiter gedacht...

Mit der klassischen Darstellungsform von Rezepten in Textform kann das Verstehen von Rezepten und das Erwerben von Lesetechniken geübt werden. In die Zukunft geschaut, werden Textlesekompetenzen, z. B. im Umgang mit Arbeitsanleitungen, für die Schüler*innen im späteren Berufsleben von Relevanz sein. Wenn die Kinder ein Rezept lesen und die beschriebenen Schritte in die Praxis umsetzen können, besitzen sie die Fähigkeit, die schriftliche Anleitung zu verstehen und die beschriebenen Handlungen dabei exakt zu antizipieren. Beispielsweise haben die Kinder die Fähigkeit zu erkennen, welche Küchengeräte und Zutaten benötigt werden (vgl. Bamert & Deussen Meyer 2013, S.113).

Hier besteht die Möglichkeit, fächerübergreifend mit dem Schulfach Deutsch zu arbeiten.

Siehe auch Kapitel 5.5:

Es ist notwendig, die Rezepte gemeinsam mit den Kindern zu lesen, damit Verständnisfragen vorab geklärt werden können. Für Kinder mit Förderbedarf bieten sich in der Praxis Bild-Rezepte an.

In der schulischen Speisenzubereitung benötigt die Lehrkraft Improvisationsfähigkeit. Es passiert immer wieder, dass z.B. Arbeitsschritte eines Gerichtes nicht eingehalten werden oder Zutaten verwechselt wurden. Diese Improvisationsfähigkeit spielt auch in der häuslichen Zubereitung eine Relevanz (vgl. ebd.) und vermittelt den Schüler*innen für ihr späteres Leben die Notwendigkeit der Improvisationsküche.

Das folgende Bildrezept wurde nach dem Rezept „Linsenaufstrich" der Sarah-Wiener-Stiftung zusammengestellt. Diese Rezeptdarstellung bietet Kindern - insbesondere Schüler*innen mit Förderstatus - eine gute Möglichkeit, dem Rezept folgen zu können. Die Lehrkraft sollte alle Rezepte zu Hause einmal ausprobiert haben, um selbst sicher in den Arbeitsschritten zu werden. Beim Üben des Rezeptes zu Hause können die Fotos von der Lehrkraft gemacht werden. Die einzelnen Arbeitsschritte können auch digital während des Unterricht aufgenommen und dokumentiert werden, z.B. mit einem Tablet (s. auch Kapitel 6.7).

Abb. 28 Bildrezept Linsenaufstrich

In diesem Konzept gibt es keine vorgefertigten Unterrichtskizzen, dafür aber einen Praxisplaner. Der Praxisplaner im Konzept „Ich kann kochen!" erleichtert die pädagogische Vorbereitung und Planung einer Unterrichtseinheit. Er ermöglicht viele Abwandlungsmöglichkeiten und Geschmackerlebnisse. Besonders relevant für die Lehrkräfte ist das pädagogische Lernfeld. Hier kann vermerkt werden, welcher Lebensmittelkategorie die Zutaten zugeordnet werden. Das Konzept „Ich kann kochen!" nutzt auch die schon vorgestellte Ernährungspyramide vom BLE (s. Kapitel 4.1). Auch die Lernziele werden hier konkretisiert, Kompetenzentwicklung vermerkt, ein Bezug zum Lehrplan hergestellt und Anknüpfungspunkte zu weiteren Themen des Sachunterrichts generiert (vgl. Sarah-Wiener-Stiftung, Aufbaukurs zur Genussbotschafterin).

Leitfragen zum Ich kann kochen!-Praxisplaner

Folgende Leitfragen helfen Ihnen, mit dem Ich kann kochen!-Praxisplaner eine Kocheinheit mit Kindern zu planen, vorzubereiten und durchzuführen. Benutzen Sie diese Fragen als Ausfüllhilfe oder einfach zur Selbstreflexion im Rahmen der Vorbereitung. Fragen, die für Ihre Kocheinheit keine Relevanz haben, überspringen Sie einfach.

Speisenfeld

Beantworten Sie für sich folgende Fragen und schreiben Sie die Antworten in das Speisenfeld.

SPEISENAUSWAHL

Welche Speise möchte ich mit den Kindern zubereiten?

Wie alt sind die Kinder, mit denen ich koche?

Wie viele Portionen (Kinder & Erwachsene) brauchen wir?

Wie viel Zeit steht uns von der Zubereitung über das Essen bis zum Aufräumen zur Verfügung?

Wünschen Sie sich weitere Anregungen?

Im Online-Portal auf www.ichkannkochen.de finden Sie:

- Lernmodul „Das passende Rezept"
- Einsteigerkurs mit Ideen und Beispielen
- viele Rezeptideen für das Kochen mit Kindern

Zutatenfeld 1–6

Beantworten Sie für sich folgende Fragen und schreiben Sie die Antworten in die Felder. Beginnen Sie bei 1 und gehen Sie dann jeweils einmal im Uhrzeigersinn durch die Felder 2 bis 6.

ZUTATEN

Welche Zutat wird verarbeitet?

Welche Menge jeder Zutat wird benötigt?

Kommen Sie auf mehr als sechs Zutaten?

Versuchen Sie, Zutaten in einem Schritt zusammenzufassen. Zu viele Zutaten können ein Indiz dafür sein, dass das Rezept für das Kochen mit Kindern weniger gut geeignet ist. Überdenken Sie ggf. das ausgewählte Rezept!

Handlungsfeld 1–6

Beantworten Sie für sich folgende Fragen und schreiben Sie die Antworten in die Felder. Beginnen Sie bei 1 und gehen Sie dann jeweils einmal im Uhrzeigersinn durch die Felder 2 bis 6.

HANDLUNGSSCHRITT

Was ist zu tun und wer macht dabei was?

Was übernimmt/übernehmen ein Kind, einige Kinder, alle Kinder oder Erwachsene?

KÜCHENWERKZEUGE

Welches Küchenwerkzeug wird in welcher Anzahl benötigt?

ZEIT

Wie viel Zeit benötigt der Schritt?

Tipp

Denken Sie auch an Kleinigkeiten, die motorisch herausfordernd sein könnten und daher Zeit benötigen. Wer übernimmt z. B. das Aufschneiden einer Tüte? Wer darf den Joghurtbecher öffnen?

Praktische Ernährungsbildung für Kinder. Eine Initiative von:

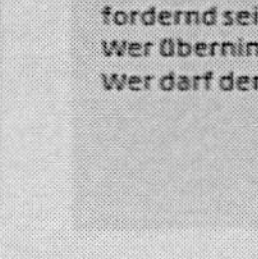

Stand 03/20

Abb. 29 Erläuterungen zum Praxisplaner Teil 1

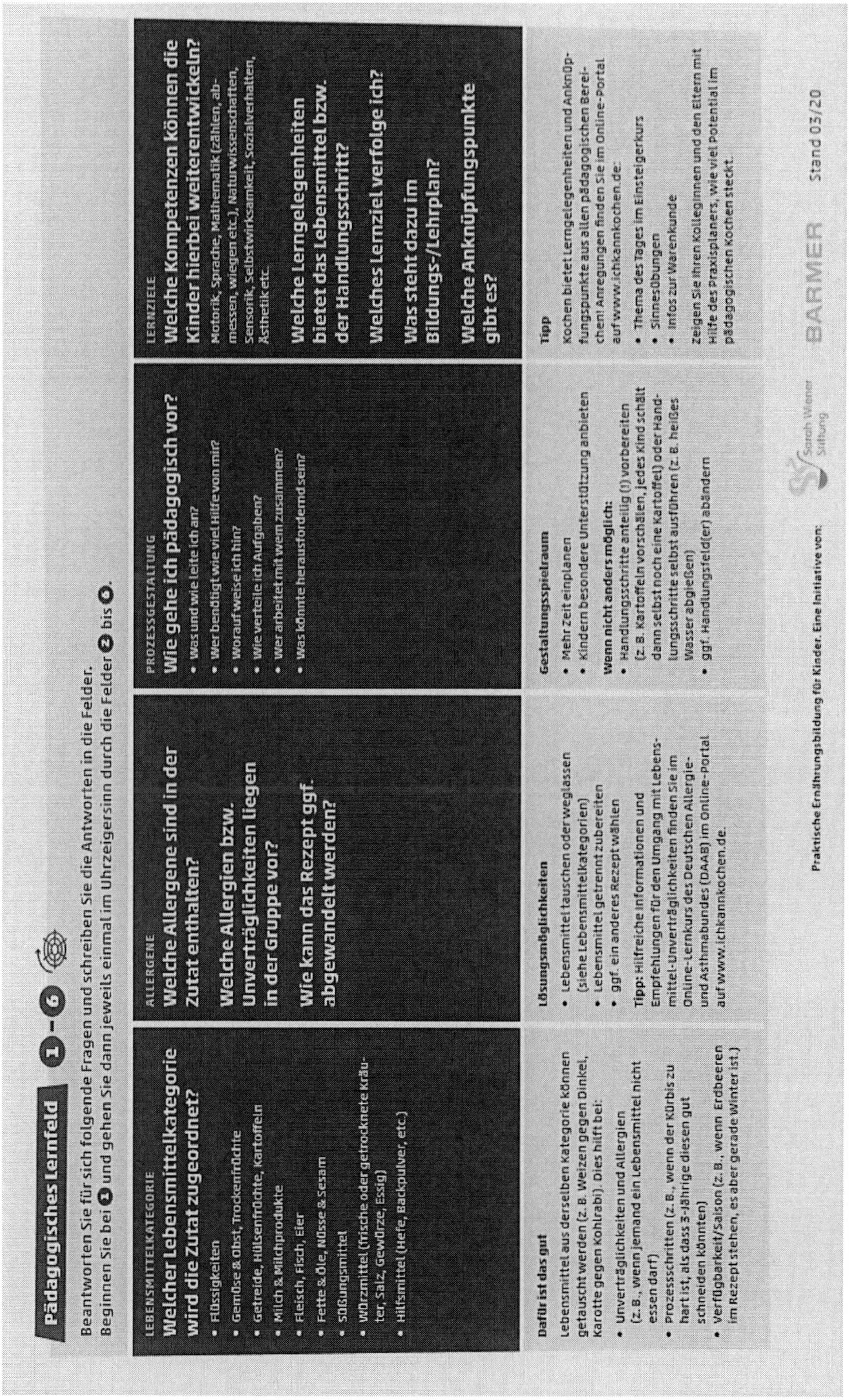

Pädagogisches Lernfeld 1 – 6

Beantworten Sie für sich folgende Fragen und schreiben Sie die Antworten in die Felder.
Beginnen Sie bei 1 und gehen Sie dann jeweils einmal im Uhrzeigersinn durch die Felder 2 bis 6.

LEBENSMITTELKATEGORIE

Welcher Lebensmittelkategorie wird die Zutat zugeordnet?

- Flüssigkeiten
- Gemüse & Obst, Trockenfrüchte
- Getreide, Hülsenfrüchte, Kartoffeln
- Milch & Milchprodukte
- Fleisch, Fisch, Eier
- Fette & Öle, Nüsse & Sesam
- Süßungsmittel
- Würzmittel (frische oder getrocknete Kräuter, Salz, Gewürze, Essig)
- Hilfsmittel (Hefe, Backpulver, etc.)

ALLERGENE

Welche Allergene sind in der Zutat enthalten?

Welche Allergien bzw. Unverträglichkeiten liegen in der Gruppe vor?

Wie kann das Rezept ggf. abgewandelt werden?

PROZESSGESTALTUNG

Wie gehe ich pädagogisch vor?

- Was und wie leite ich an?
- Wer benötigt wie viel Hilfe von mir?
- Worauf weise ich hin?
- Wie verteile ich Aufgaben?
- Wer arbeitet mit wem zusammen?
- Was könnte herausfordernd sein?

LERNZIELE

Welche Kompetenzen können die Kinder hierbei weiterentwickeln?

Motorik, Sprache, Mathematik (zählen, abmessen, wiegen etc.), Naturwissenschaften, Sensorik, Selbstwirksamkeit, Sozialverhalten, Ästhetik etc.

Welche Lerngelegenheiten bietet das Lebensmittel bzw. der Handlungsschritt?

Welches Lernziel verfolge ich?

Was steht dazu im Bildungs-/Lehrplan?

Welche Anknüpfungspunkte gibt es?

Dafür ist das gut

Lebensmittel aus derselben Kategorie können getauscht werden (z. B. Weizen gegen Dinkel, Karotte gegen Kohlrabi). Dies hilft bei:

- Unverträglichkeiten und Allergien (z. B., wenn jemand ein Lebensmittel nicht essen darf)
- Prozessschritten (z. B., wenn der Kürbis zu hart ist, als dass 3-Jährige diesen gut schneiden könnten)
- Verfügbarkeit/Saison (z. B., wenn Erdbeeren im Rezept stehen, es aber gerade Winter ist.)

Lösungsmöglichkeiten

- Lebensmittel tauschen oder weglassen (siehe Lebensmittelkategorien)
- Lebensmittel getrennt zubereiten
- ggf. ein anderes Rezept wählen

Tipp: Hilfreiche Informationen und Empfehlungen für den Umgang mit Lebensmittel-Unverträglichkeiten finden Sie im Online-Lernkurs des Deutschen Allergie- und Asthmabundes (DAAB) im Online-Portal auf www.ichkannkochen.de.

Gestaltungsspielraum

- Mehr Zeit einplanen
- Kindern besondere Unterstützung anbieten

Wenn nicht anders möglich:

- Handlungsschritte anteilig (!) vorbereiten (z. B. Kartoffeln vorschälen, jedes Kind schält dann selbst noch eine Kartoffel) oder Handlungsschritte selbst ausführen (z. B. heißes Wasser abgießen)
- ggf. Handlungsfeld(er) abändern

Tipp

Kochen bietet Lerngelegenheiten und Anknüpfungspunkte aus allen pädagogischen Bereichen! Anregungen finden Sie im Online-Portal auf www.ichkannkochen.de:

- Thema des Tages im Einsteigerkurs
- Sinnesübungen
- Infos zur Warenkunde

Zeigen Sie Ihren Kolleginnen und den Eltern mit Hilfe des Praxisplaners, wie viel Potential im pädagogischen Kochen steckt.

Praktische Ernährungsbildung für Kinder. Eine Initiative von: Sarah Wiener Stiftung BARMER Stand 03/20

Abb. 30 Erläuterungen zum Praxisplaner Teil 2

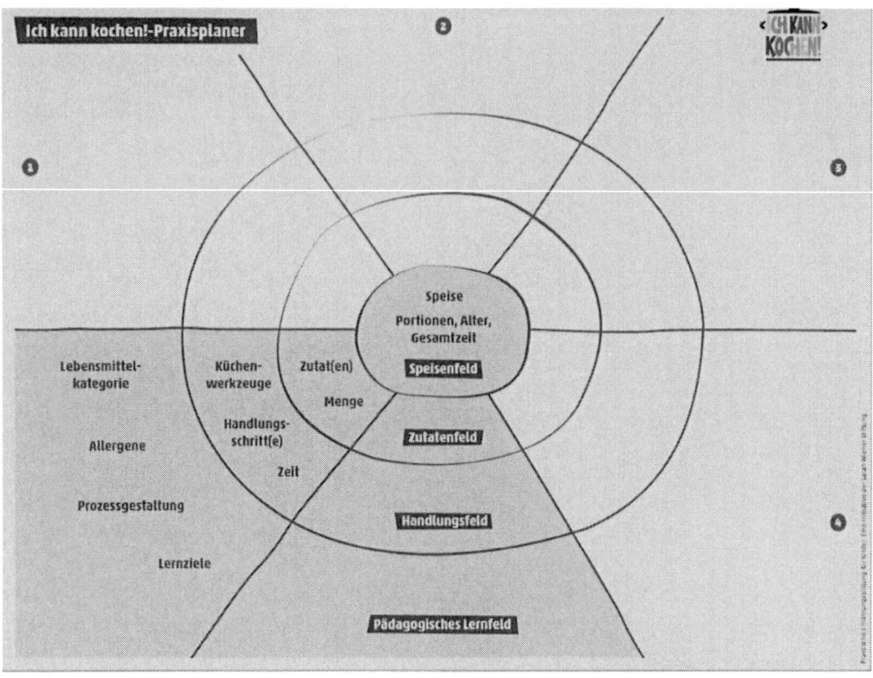

Abb. 31 Praxisplaner

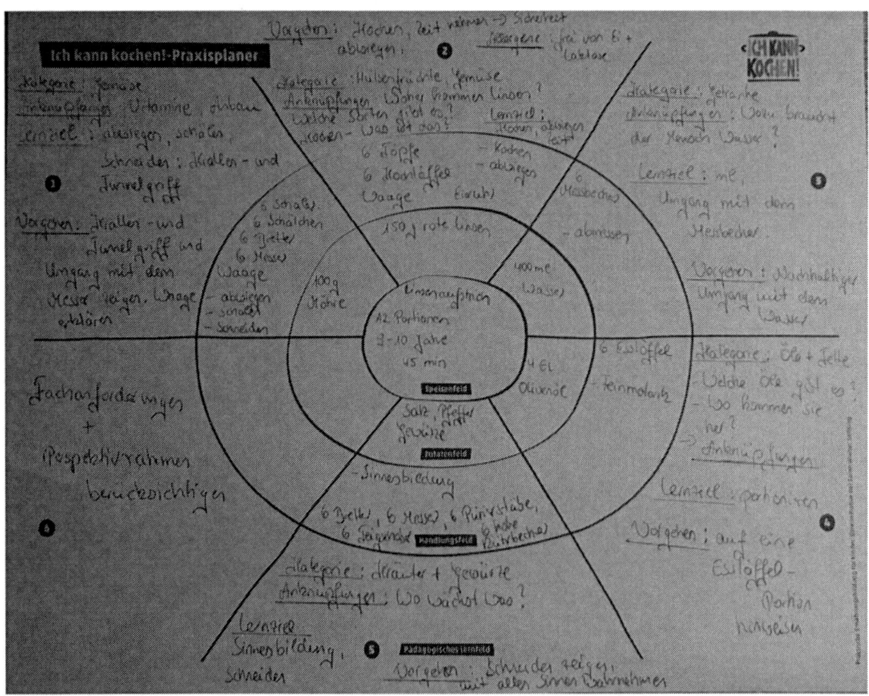

Abb. 32 Praxisplaner „Linsenaufstrich“

Darüber hinaus gibt es weitere Möglichkeiten, wie der Praxisplaner eingesetzt werden kann:

- zur Gestaltung von Bildrezepten
- zur Kommunikation bzw. Darstellung von Aktivitäten mit Eltern und/oder Kolleg*innen

Mithilfe von z.B. leeren Lebensmittelverpackungen, Bildern oder Zutaten kann ein Showtisch zur Dokumentation der Herstellung einer Speise mit Kindern für deren Eltern (z.B. im Foyer) hergestellt werden (vgl. Sarah-Wiener-Stiftung, Aufbaukurs Genussbotschafterin).

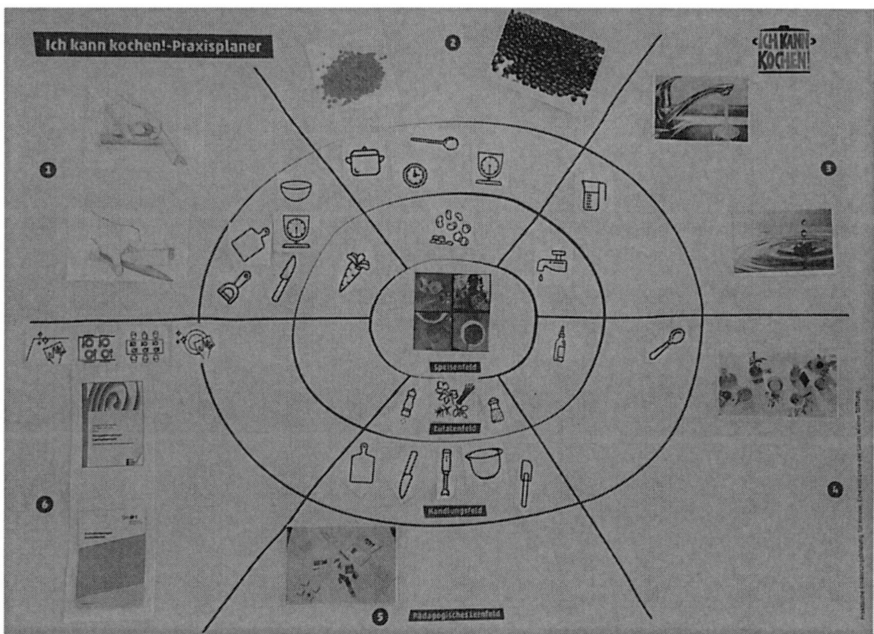

Abb. 33 Praxisplaner „Linsenaufstrich“ visuell

Der o.a. Praxisplaner wurde mit den vorgegebenen und einigen selbsterstellten Icons ausgefüllt.

Auf den ersten Blick erscheint der Praxisplaner eine Herausforderung zu sein. Doch beim Ausfüllen erschließt sich schnell die Basis für eine gute Unterrichtsvorbereitung. U.a. werden die Lernziele im Praxisplaner des „Ich kann kochen“-Konzeptes berücksichtigt, so dass dieser eine große Hilfe bei der Unterrichtplanung sein kann – insbesondere für fachfremde Lehrkräfte, Studierende etc.

Im Sachunterricht selbst können die vorgestellten Ernährungsmodelle (Kapitel 5.1-5.4) im Unterricht zur Einleitung in die Thematik genutzt werden, um kindgerecht und in einfachen Worten eine gesunde Ernährungsweise aufzuzeigen und eine gemeinsame Grundlage für alle Kinder zu schaffen, auf der aufgebaut werden kann. Diese Konzepte sind handlungsorientiert ausgelegt, so wie es die aktuellen Bildungskonzepte fordern.

Weiter gedacht...

Die vorgestellten Ernährungskonzepte (5.1-5.4) bieten die Möglichkeit, den Unterricht leistungsdifferenziert zu gestalten und können im Kontext der Sonderpädagogik den nötigen Raum geben, um den Inklusionsgedanken zu verwirklichen. Schüler*innen mit Beeinträchtigungen der Motorik, der Sprache, der Kognition wie auch der taktil-kinästhetischen Wahrnehmung können in den Unterrichtseinheiten der Konzepte gefördert werden. Da die Zubereitung von Nahrung durch die Handhabung verschiedener Küchenutensilien erfolgt, werden motorische Fertig- und Fähigkeiten geschult. Die Förderung der Erzählkompetenz kann sehr gut in den Unterricht und in den pädagogischen Alltag integriert werden. In der gemeinsamen Frühstückspause kann beispielsweise an jedem Wochentag ein anderes Kind sein von zu Hause mitgebrachtes Essen vorstellen und die einzelnen Bestandteile dessen in die Ernährungspyramide einordnen. Das setzt voraus, dass die Kinder ein Frühstück mithaben. Alternativ kann auch von einem Frühstück, das zu Hause gegessen wurde, erzählt und in die Ernährungspyramide eingeordnet werden.

Kinder mit einen hohem Förderbedarf werden vielleicht nie richtig schreiben und rechnen können, aber durch die Ernährungsbildung bekommen sie die Möglichkeit, eine gesunde Ernährung inklusive der Zubereitung kennenzulernen.

Alle vorgestellten Konzepte können beliebig mit weiteren Themen des Sachunterrichts bestückt werden. Die nachfolgenden Kapitel sollen Ideen, Hilfestellungen und Anregungen geben.

6. Weiterführende Aspekte der Ernährungsbildung

In diesem Kapitel liegt der Schwerpunkt auf den vielfältigen Aspekten der schulischen Ernährungsbildung im Sachunterricht inklusive exemplarischer Unterrichtsthemen. Ernährungsbildung ist auch eine kulturelle Bildung. Im nächsten Unterkapitel werden unter diesem Gesichtspunkt die kulturellen Aspekte der Ernährungsbildung dargestellt.

6.1 Ich esse das, was isst du? Kultureller Aspekt der Ernährungsbildung

Das Thema Essen betrifft alle Menschen. Es ist, wie der französische Soziologe Marcell Mauss schon im Jahr 1923 formulierte: ein „soziales Totalphänomen" (vgl. Mauss 1923/1924, S.17). Das Ernährungshandeln hängt seiner Meinung nach mit allen anderen Lebensbereichen zusammen, die nicht isoliert werden dürfen. Ende der 1960er Jahre kamen viele Gastarbeiterfamilien, z.B. aus Griechenland, zum Arbeiten nach Deutschland. Teilweise gab es in diesen Familien auch Kinder, die aus ihrer Heimat in ein neues Land einwanderten - mit einer fremden Sprache und nicht bekannten Speisen. So auch ein kleiner griechischer Junge mit dem Namen Panagiotis. Mit dem Umzug nach Deutschland änderte sich sein Essverhalten, da er aus dem sozialen Gefüge herausgenommen wurde, was ihn bis zu seinem fünften Lebensjahr getragen hat. Zum einen machte er die Enge der gemieteten Wohnung und zum anderen das Wetter in Deutschland, das nicht dazu einlädt, das ganze Jahr über draußen zu spielen, für sein verändertes Essverhalten verantwortlich. Aber auch das „fremde" Essen führte zu einer Essensverweigerung. Bedeutsam waren die ersten Jahre seiner Kindheit in Griechenland. Dort wurde er mit Speisen von seiner Mutter und seiner Großmutter verwöhnt und kam als pummeliger Sechsjähriger nach Deutschland. Dadurch, dass er der deutschen Sprache nicht mächtig war, und durch das andere Klima und neuartige Lebensmitteln kam es dazu, dass er das Essen verweigerte *„Ich hatte wirklich die schwierigste Zeit meines Lebens!"* Er verweigerte das Essen, um seine Eltern dazu zu bewegen, wieder zurück nach Griechenland zu gehen *„Mama und Papa, ich will hier gar nicht sein, ich will zurück nach Griechenland"*. Diese Verweigerung nutzte er zur Machtausübung *„Ich esse nicht, dann gehen wir wieder zurück"* (vgl. Plinz 2017, S.157-159). Die Menschen leben in Gemeinschaften und so ist ein ernährungstechnisches Miteinander auch in der (Grund-)schule von großer Bedeutung. Zugewanderte Schüler*innen - dazu gehören alle Kinder, die mit ihren Familien aus einem anderen Land immigriert sind - bilden keine homogene Gruppe. Diese Schüler*innen und ihre Familien sind nach Herkunft (Ethnien), Dauer des Aufenthaltes, Rechtsstatus, Alter, Geschlecht, sozioökonomischem Status und anderen Merkmalen zu unterscheiden (vgl. Floeting u.a. 2005, S.2). Die moderne menschliche Kultur ist eine Kultur des Kontaktes und multikulturell. Das gilt auch für die Ernährungskultur, die sich mit der Analyse von kulinarischen Lebensstilen beschäftigt (vgl. Plinz 2017, S.91). Jede Kultur hat ihre eigene Küche. Eine stark kulturell verankerte Einstellung zu heimischen Nahrungsvermitteln kann das Essverhalten emotional sehr beeinflussen, da das individuelle Essverhalten in den verschiedenen Kulturen verwurzelt ist. Durch die Berücksichtigung traditioneller und kultureller Aspekte des Essverhaltens besteht im Sachunterricht die Möglichkeit, eine praktikable Ernährungsweise der Schüler*innen zu erreichen, welche die personalisierte Ernährung unterstützt und dieser als Hilfestellung in der Ernährungsbildung dienen kann (vgl. Plinz 2018, S.260). Ernährungskultur ist immer ein Teil der Schulkultur. In der Schule treffen Kinder zum gemeinsamen Lernen und Leben zusammen, deren individuelle, soziale und ethnische Herkunft im Kontext einer Ernährungsbildung Achtung und Aufmerksamkeit benötigen (vgl. Wittkowske; Polster 2016, S.5). Bekannter Weise haben Essen und Trinken in verschiedenen Kulturen einen eigenen Status und eine eigene Rolle. Historisch betrachtet ist die Nahrungsaufnahme seit der Antike eng mit religiösen Regeln und Ritualen verbunden und dient der kulturellen Identifikation. In der Religion verankerte Speisegebote und -verbote sind u. a. Kuhfleischverbot in Hinduismus, Verbot von Schweinefleisch im Islam und Judentum. Das Fasten kann als Verbindungselement aller Religionen gesehen werden (vgl. Verbraucherzentrale NRW 2009, S.15):

Islam	**Judentum**	**Christentum**
Im Islam gibt es spezifische Essgewohnheiten und -vorschriften für die Zeit des Fastenmonats Ramadan. Zwischen Sonnenaufgang und -untergang dürfen gläubige Muslime weder Speisen noch Getränke zu sich nehmen. Vor Sonnenaufgang wird ein bescheidenes Frühstück serviert, während das Fastenbrechen am Abend mit einem großen Fest gefeiert wird.	Im Judentum gibt es feste Fastentage, an denen bedeutsamen historischen Ereignissen gedacht wird. Die wichtigsten sind Jom Kippur und der 9. Aw (Monat im jüdischen Kalender). An Jom Kippur werden alle zuvor begangenen Sünden gesühnt. Sowohl Essen als auch Trinken sind untersagt, und darüber hinaus wird Enthaltsamkeit in nahezu allen Bereichen verlangt.	Im Christentum beginnt die Fastenzeit am Aschermittwoch und endet mit dem Osterfest. Durch Enthaltsamkeit wurde in dieser Zeit Buße getan und die Nähe zu Gott gesucht. Heute nutzen viele Menschen die traditionelle Fastenzeit, um ihren Lebensstil zu überdenken, indem sie auf lieb gewordene Gewohnheiten wie Süßigkeiten, Nikotin oder Alkohol verzichten.

Abb. 34 Fasten in den verschiedenen Religionen

Im europäischen Kulturkreis, und somit auch in Deutschland, wird das Essen am Tisch und auf Stühlen sitzend verzehrt. Das sind Symbole, die mit dem Unterrichtsthema „Essen in anderen Kulturen“ verbunden sind und im Sachunterricht gut vermittelt werden können. Das Thema Esskultur kann auch enger gedacht werden und sich nur auf Deutschland bzw. ein Bundesland beziehen. Die Ernährungs- und Esskultur in Deutschland ist sehr vielschichtig, und es gibt regional große Unterschiede. Dadurch kann das Thema Esskultur auch enger gefasst werden und, nach deutschen Regionen aufgeteilt, im Unterricht behandelt werden, denn Esskulturen können sich auch auf kleinem geographischen Raum differenziert entwickeln.

Abb. 35 Norddeutsche Fischplatte mit hartgekochten Eiern

Gut zu wissen...

Esskultur: Hier steht der handelnde, essende Mensch mit seinen subjektiven Bewertungen im Mittelpunkt.

Ernährungskultur: Alle Handlungsfelder von der landwirtschaftlichen Produktion bis hin zu objektiven naturwissenschaftlichen Erkenntnissen fallen unter den Begriff Ernährungskultur (vgl. Methfessel 2005, S.4).

Essen ist stets sinnlich-emotional besetzt, während Ernährung sich mit den Empfehlungen und Botschaften von Expert*innen auseinandersetzt. Gesellschaftlich wird Essen mit Werten, Geschmack, Genuss, Ritualen, Symbolen und sozialen Akten in Verbindung gebracht: „Das Bedürfnis nach, der Umgang mit, das Angebot, die Auswahl und die Zubereitung, die Bewertung und Zuteilung von Nahrung wurde und wird und zu jeder Zeit der Menschheitsgeschichte kulturell gehandhabt, geregelt und kommuniziert" (Brombach, 2011, S.319). Zum einen ist die Bewertung von Nahrung individuell geprägt, aber auch ganz wesentlich vom kulturellen und gesellschaftlichen Hintergrund, in dem gelebt wird, anhängig (vgl. Uhlen-Blucha 2007, S.8).

Abb. 36 Marokko

Die verschiedenen Länder und ihre Sitten des Kulinarischen (lat. Culina: die Küche) haben Koch-, Ess- und Tischordnungen, Rezepte, Speisen und Küchen als Orte des Geschehens hervorgebracht. Mahlzeiten können Kommunikationsanlässe sein, sie bilden überall eine Quelle von Lust und Leid, fördern die Gemeinschaft, sind Zeichen von Macht, Liebe oder Hass, eingebettet in den menschlichen Alltag und fungieren als Erziehungsmittel (vgl. Eckert; Heindl 2013, S.29). Die kulturelle und soziale Gestaltung des Essalltags spielt neben der Lebensmittelauswahl eine wichtige Rolle für das Verständnis einer Esskultur. Esskulturelle Gewohnheiten, die unter anderem, ein Gefühl des Wohlbefindens, von Heimat, Identität und Sicherheit verschaffen, sind für Kinder, die z.B. aus einem anderen Land nach Deutschland gekommen sind, möglicherweise zunächst nicht gegeben. Das Interesse von Lehrkräften für die Ernährungssituation von Schüler*innen aus anderen Ländern, (z.B. geflüchteten Kindern) ist relevant, um das gegenseitige Verständnis zu fördern und handlungsleitende Informationen für den Unterricht zu gewinnen. In diesem Zusammenhang ist die Zusammenarbeit von (Grund-)schulen und der Schüler*innen und ihrer Familien von großer Bedeutung, da die kulturelle Integration begünstigt werden kann. Alle Schüler*innen - egal ob aus Deutschland oder nicht - können ihre eigene Esskultur beibehalten und gleichzeitig neue Essgewohnheiten und Essmuster annehmen (vgl. Lohrer; Plinz 2016, S.315f). Denn Essen und Trinken verbindet die Schüler*innen und ist damit ein Integrationsinstrument, dessen hohes Potenzial von Lehrkräften genutzt sein will. Für die lebenslange kulturelle Identität ist unter anderem auch die Essbiographie (Familie, Schule usw.) bedeutend, da die Erinnerungen und Emotionen über die Esssituation, -gewohnheiten und Lebensmittel in der Kindheit den Menschen für einen langen Zeitraum prägen (vgl. Müns 2010, S.19). Die verschiedenen Esskulturen der Kinder bieten eine Vielfalt für den Unterricht der Ernährungsbildung im Sachunterricht. So kann jedes Kind eine typische Speise aus seinem Heimatland vorstellen und dazu seinen Mitschüler*innen das entsprechende Ritual zeigen. Das Essverhalten einzelner Schüler*innen kann dadurch thematisiert und in den Schulalltag integriert werden.

Abb. 37 Italienische Speisen

Weltweit gibt es eine große Vielfalt unterschiedlicher Esskulturen, Rituale und Tischsitten. Jede Esskultur vermittelt den Menschen ein soziales Miteinander, Rücksichtnahme und Geborgenheit. Schüler*innen bereitet es viel Freude, neue Gerichte und Speisen - verbunden mit hier unbekannten Tischsitten und Ritualen -

auszuprobieren. Beispielsweise weckt ein asiatisches Gericht, zu dem es außer Stäbchen kein weiteres Besteck gibt, die Experimentierfreude und das Interesse an einer anderen Kultur (vgl. Verbraucherzentrale NRW 2009, S.16).

Abb. 38 Thema China

Die drei Abbildungen dienen als Beispiele, wie das Thema „Ich esse das, was isst du?“ in den Sachunterricht eingebunden werden kann. Wöchentliche Themenwechsel zu den jeweiligen Ländern und ihren Speisen können mit in den Stoffverteilungsplan integriert werden. Aber auch eine Projektwoche bietet sich zu diesem speziellen und relevanten Thema an. Es sollte nicht bei einer Projektwoche bleiben, da der kulturelle Aspekt mit neuen Schüler*innen immer wieder an Aktualität gewinnt.

Weiter gedacht...

Bei dem kulturellen Aspekt der Ernährungsbildung gibt es u. a. den Anknüpfungspunkt zur geographischen Perspektive. Dadurch können die Kinder auf Weltkarten und Globen bzw. mit Hilfe elektronischer Darstellungsmittel grundlegende räumliche Merkmale, z.B. ausgewählte Länder, auffinden und beschreiben (vgl. GDSU 2013, S.50).

Weitere Fragen können hier im Unterricht geklärt werden:

- Wie wohnen Kinder in anderen Ländern?
- Wie sehen Küchen in anderen Ländern aus?
- Wie ist das Klima in anderen Ländern?

Spiralförmig gedacht:

„Die Auseinandersetzung mit unterschiedlichen Esskulturen ermöglicht, eine offene Werthaltung gegenüber Fremden und Unbekannten zu fördern. Essbiographisches Lernen unterstützt diese Zielsetzungen und kann dabei sowohl multikulturelle Einflüsse auf Essgewohnheiten als auch individuelle Aspekte motivierend verbinden." (Senn 2013, S.95)

Da die Kinder von der Kita bis hin zur weiterführenden Schule ihre persönliche Essbiographie mit individuellen Erlebnissen, aber auch mit Wissensvermittlung der Ernährungsbildung durch die Schulen "füttern", kann die Lehrkraft immer wieder am Vorwissen der Kinder anknüpfen und den Unterricht dementsprechend aufbauen.

Zusammenfassend kann festgehalten werden, dass die Jahrgangsklassen in den unterschiedlichen Schulsystemen immer interkultureller und mehrsprachiger werden. Das Thema Essen verbindet alle Schüler*innen und Lehrkräfte und gibt die Möglichkeit, im Unterricht gemeinsam über Speisen, Essverhalten und Rituale zu sprechen. Kulinarische Vorlieben sind ein guter Startpunkt, neue (Ess)kulturen kennenzulernen und zugewanderten Kindern und Jugendlichen den Einstieg in den Schulalltag zu erleichtern. Essen als Mittel der Sprache oder anders formuliert: Essen ist Reden mit anderen Mitteln und somit relevant, um sich zu verständigen und die eigenen kulinarischen und kulturellen Bedürfnisse mitteilen zu können. Das kann als ein relevanter Aspekt für die aktive Teilhabe in einer Gesellschaft - und somit in der Institution Schule - gesehen werden (vgl. Plinz 2017, S.256-257). Esskulturen sind wie der Sachunterricht vielperspektivisch zu verstehen und knüpfen an weitere Themen der Ernährungsbildung an. Wer sich ernährt, ist somit auch ein Konsument und ein Verbraucher.

6.2 Verbraucherbildung

Zwischen Ernährungs- und Verbraucherbildung kann eine Grenze bzw. eine Abgrenzung nicht immer eindeutig vorgenommen werden. Das bedeutet, wenn das Verbraucherthema „Biosiegel" am Beispiel von Obst und Gemüse unterrichtet wird, dann wird die Verbraucherbildung zum Bestandteil der Ernährungsbildung. Aus dem Beschluss der KMK (Kultusministerkonferenz) zur „Verbraucherbildung an Schulen" geht hervor, dass eine zu behandelnde Thematik innerhalb der Verbraucherbildung „Ernährung und Gesundheit" sei (vgl. KMK 2013, S.5). Die Verbraucherbildung wird, wie die Ernährungsbildung, als ein auf Lebenszeit stattfindender Prozess gesehen, der als Vorbereitung zur Bewältigung von Situationen sowohl im privaten als auch im beruflichen Lebensalltag dient (vgl. ebd., S.5). Wo die Familie möglicherweise zu wenig Wissen über gesunde Ernährung besitzt oder dieses Wissen schlecht an das Kind weitergeben kann, wo nicht eigenständig gekocht oder das Kind nicht in die Arbeitsprozesse des Kochens mit einbezogen wird, wo im Kreise der Familie keine einzige Mahlzeit am Tag gemeinsam zu sich genommen wird, an diesen Stellen kann, so Wittkowske, Polster und Klatte, die Institution Schule und das pädagogische Personal die Kinder in der Schule auffangen. An diesen Stellen, so die Autoren, „[...] lassen sich vermehrt Forderungen nach einer umfassenden schulischen Ernährungs- und Verbraucherbildung vernehmen." (Wittkowske, Polster, Klatte, 2017, S.10). Eine schulische Verbraucherbildung beabsichtigt, die Schüler*innen zu motivieren und zu befähigen, eine ausgewogene Ernährungsweise, ein gesundes Essverhalten aufzubauen und die dazugehörigen Konsumentscheidungen zu entscheiden. Das bedeutet, dass die Kinder ihr Handeln in Zusammenhängen verstehen müssen und einen gesunden und nachhaltigen Lebensstil entwickeln.

6.3 Nachhaltigkeit in der Ernährungsbildung

Die Ernährungsbildung in der Grundschule beschäftigt sich nicht nur mit den Essgewohnheiten und Essmustern der Schüler*innen, sondern fokussiert darüber hinaus auch grundlegende Probleme dieser Zeit, wie beispielsweise die Auswirkungen der Nahrungsmittelproduktion und des Lebensmitteltransportes auf das Klima, mit denen sich die zukünftigen Generationen befassen werden müssen. Aufgrund des Klimawandels und des dringlichen Handlungsbedarfs setzen sich viele Menschen für einen nachhaltigeren Lebensstil ein. Weitergeführt zeichnen sich nachhaltige Ernährungsweisen dadurch aus, dass sie möglichst geringe Auswirkungen auf die Umwelt haben. Nachhaltige Ernährungsweisen „sind kulturell angepasst, verfügbar, ökonomisch gerecht und bezahlbar, ernährungsphysiologisch angemessen, sicher und gesund, und verbessern gleichzeitig die natürlichen und menschlichen Lebensgrundlagen" (FAO 2012, S.194). Derzeit leben auf der Welt ca. 7,7 Milliarden Menschen, und diese essen durchschnittlich zwei oder drei Mahlzeiten an einem Tag. Dementsprechend ist die Ernährung ein wesentlicher Faktor, wenn es z.B. darum geht, die Co_2-Emissionen zu senken. Der Mensch hat bei einem Lebensmitteleinkauf die Möglichkeit, sich gegen seine Ess-Gewohnheiten und für das Klima zu entscheiden (vgl. Fahrland 2020, S.24). Bildung für nachhaltige Entwicklung (BNE) leistet einen Beitrag „zur Aufklärung, dem Aufbau von Wissen über nachhaltigere Konsum- und Lebensstile sowie der Entwicklung von Kompetenzen, die für die Gestaltung einer sozial-ökologisch gerechten Gesellschaft notwendig sind“ (Stiftung Haus der kleinen Forscher 2019, S.63). Das Ziel besteht darin, die Schüler*innen dahingehend zu befähigen und zu motivieren, gesellschaftliche Transformationsprozesse mitzugestalten. Im Sinne der Bildung für nachhaltige Entwicklung (BNE) sind unter dem Aspekt der nachhaltigen Ernährung mehrere Optionen zusammengefasst, um neben den gesundheitlichen Aspekten auch die ökologische, ökonomische, soziale und kulturelle Dimension im Sachunterricht zu thematisieren (vgl. Dornhoff 2018, S.173).

„Wer will, dass die Kleinen bewusst mit Essen und Lebensmitteln umgehen und den Sinn einer nachhaltigen Ernährung erkennen, muss ihnen die Hintergründe erklären.“
(Rensch, P./www.ecowoman.de)

Um das Thema kindgerecht zu vermitteln, kann auch hier die Ernährungspyramide eingesetzt werden. Zusätzlich bietet es sich an, hier die Themen Saisonalität und Regionalität zu verorten. Den Kindern soll ebenfalls vermittelt werden, dass Produkte aus der Region bevorzugt eingekauft werden sollten, da sich auf diese Weise die Transportwege deutlich reduzieren lassen und das Klima dadurch positiv beeinflusst wird. Das mit der Ernährung vernetzte Thema des Klimas wird in den vorgestellten Ernährungskonzepten in Form von klimafreundlichen saisonalen und regionalen Lebensmitteln aufgegriffen. Die Schüler*innen erhalten somit erste Impulse für eine nachhaltige und klimafreundliche Ernährung, die sich für die Zukunft manifestieren könnte.

Weiter gedacht…

Im Laufe der Jahrzehnte hat sich das Essverhalten der Menschen gewandelt. Z.B. waren in den Jahren nach dem zweiten Weltkrieg Produkte wie Fisch, Fleisch und Eier „keine tägliche Selbstverständlichkeit, sondern seltener Luxus“ (vgl. v. Koerber & Hohler 2012, S.16). Fleisch gab es zu früheren Zeiten lediglich als Sonntagsbraten. Das tierische Lebensmittel galt als knappes Gut und war ein Zeichen des Wohlstandes (vgl. Hirschfelder 2005, S.147). Am Wochenende und zu besonderen Anlässen wurden Kuchen gebacken, für die mehrere Eier benötigt wurden. Obst und Gemüse wurden damals im heimischen Garten angebaut oder in der Region eingekauft. Die Menschen, die zur damaligen Zeit lebten, hätten sich den Zustand der gegenwärtigen Vielfalt sicherlich nur schwer vorstellen können (vgl. v. Koerber & Hohler 2012, S.16). Diese Aspekte können mit der historischen Perspektive im Sachunterricht verknüpft und gelehrt werden.

Im Perspektivrahmen Sachunterricht der GDSU sind folgende inhaltliche Bezugspunkte der nachhaltigen Entwicklung vermerkt, die im Sachunterricht thematisiert werden sollten:

- Wasser, Luft, Boden und Energie sowie der schonende Umgang dessen
- Rohstoffe und ihre Verarbeitung zu Gebrauchsgegenständen sowie die Frage von Abfall und Wiederverwertung
- Konsum, Konsumverhalten und -entscheidungen
- Unterschiedliche Lebensweisen und -bedingungen von Menschen, Ungleichheiten und Ungerechtigkeiten
- Veränderung von Lebensräumen und die Folgen für Tiere, Pflanzen und Menschen (vgl. GDSU 2013, S.77)

Zu allen Punkten lassen sich Parallelen zu einer nachhaltigen Ernährung ziehen und den Kindern vermitteln. Des Weiteren werden im Perspektivrahmen Kompetenzen beschrieben, die anhand der Thematik zu erreichen sind. Unter anderem sollen die Schüler*innen „an Beispielen aus ihrem eigenen Alltag (z.B. Trinkwasser, Nahrungsmittel [...]) beschreiben und kommentieren, wie abhängig wir von unserer Umwelt sind“. Außerdem sollen sie ihre Meinungen und Erfahrungen diesbezüglich kundtun „welche Auswirkungen das eigene Handeln [...] auf die natürliche Umwelt“ hat (vgl. ebd., S.78). Eine weitere Möglichkeit, dem Ziel nachhaltiger Ernährung näher zu kommen, liegt in der Reduzierung von Verpackungsmüll und verschwendeter Lebensmittel. Sachunterricht als vielperspektivische Konzeption trägt maßgeblich dazu bei, den Unterricht so zu gestalten, dass die Ernährungsbildung nicht isoliert betrachtet wird, sondern viele Anknüpfungspunkte zu weiteren Themen aufweist. Dadurch lässt sich an das Thema „Reduzierung von Verpackungsmüll in der Ernährung“ das Thema „Abfallwirtschaft“ anschließen. Die Schüler*innen lernen in diesem Fall, dass die behandelten Themen im Sachunterricht zueinanderstehen und können Verknüpfungen herstellen. Hier kann Bezug zu dem Puppenhaus im dritten Kapitel „Spiralcurriculum“ genommen und der Frage „Wo entsteht bei uns zu Hause überall Müll?“ nachgegangen werden. Denn nicht nur in der Küche beim Kochen entsteht Müll, auch in anderen Bereichen des Zuhauses fällt Müll an. Hier kann dann an die Ernährungsbildung anschließend ein ergänzendes Thema im Unterricht folgen. Die Schüler*innen lernen, dass der alltägliche Hausmüll aus vielen Dingen besteht, die in der Familie täglich benutzt und weggeworfen werden. „Kannst du bitte mal den Müll runterbringen?“ hört man in vielen Familien die Eltern die Kinder bitten. Für die Kinder bedeutet das, dass sie lernen, den Müll in verschiedenen Mülltonnen zu entsorgen. Auch das Thema „Mülltrennung“ gehört im weitesten Sinne zur Ernährungsbildung. Wenn die Müllabfuhr kommt, dann wird der Müll davongefahren und ist nicht mehr zu sehen (vgl. Raidt 2019, S.17). Aber was passiert dann mit dem Müll, z.B. mit dem Biomüll in der Kompostieranlage? Eventuell haben Kinder einen Komposthaufen im heimischen

Garten und können davon erzählen. Ein Komposthaufen kann auch „im Kleinen" dargestellt werden, z.B. im Klassenzimmer in einem Glaskasten. Einige Schulen haben einen eigenen Schulgarten, der mit einem Komposthaufen ausgestattet ist und für den Sachunterricht gut genutzt werden kann.

Weiter gedacht ...

Zu dem Thema „Abfallwirtschaft" kann z.B. ein außerschulischer Lernort besucht werden. Einige Städte und Gemeinden haben Abfallwirtschaften und Recyclinghöfe, die für Schüler*innen geführte Rundgänge anbieten.

Außerschulische Lernorte finden einen besonderen Stellewert im Sachunterricht und sollten diesbezüglich nicht außer Acht gelassen werden, da der Mehrwert am Erwerb von Alltagswissen und -kompetenzen qualitativ hoch ist.

Abb. 39 Müll im Haushalt

Spiralförmig gedacht:

Grundsätzlich soll die Ernährung vor dem Hintergrund des Nachhaltigkeitsaspektes gesehen werden.

Das Ernährungskonzept „Schmecken mit allen Sinnen. Der Feinschmecker-Kurs für 4- bis 7-Jährige“ bietet nicht nur einen sinnvollen Zugang zum Thema Ernährung und dem Bereich Sinnesbildung, sondern weist zudem relevante Schnittstellen zur Vermittlung nachhaltiger Ernährung auf. Die Kinder lernen nachhaltige Lebensweisen und Ernährungsstile kennen. Sie werden an einen verantwortungsvollen und achtsamen Umgang mit Lebensmitteln herangeführt. Die in der Konzeption angeführten Maßnahmen für Nachhaltigkeit in der Ernährung zielen darauf ab, die Schüler*innen dahingehend zu fördern, einen zukunftsfähigen, verantwortungsvollen Essstil zu entwickeln.

Nachhaltig handeln – auch beim Ernährungsführerschein: Das nachhaltiges Handeln wird durch das Konzept „Der Ernährungsführerschein“ weiter gefördert. Die im Konzept aufgeführten Praxiseinheiten zielen darauf ab, dass die Kinder lernen, Lebensmittel wertzuschätzen. Das kann durch die Verwendung frischer Produkte und/oder das Wissen der Herkunft und Anbau von Lebensmitteln erfolgen.

So bleibt das Thema „Nachhaltigkeit“ in jeder Jahrgangsstufe aktuell und kann weiter vertieft werden, denn in jedem Lebensabschnitt des Menschen ist die Ernährungsbildung von Bedeutung.

Weitere Themen zur Ernährung und Nachhaltigkeit lassen sich gut im Sachunterricht verorten.

In der Ernährungsbildung sollte der gesamte Zyklus von Lebensmitteln berücksichtigt werden: Anbau, Haltung, Saisonalität, Regionalität, Transportwege, Konsum, Lagerung, Zubereitung, Haltbarmachung und Entsorgung.

Durch die Einbeziehung des Lebensstils und der individuellen Beziehung zum Essen sowie dem eigenen Körper soll die Ernährungsbildung nachhaltiger werden. Vor diesem Hintergrund soll dem bewussten Verkosten und dem Genießen besondere Beachtung zuteil und die Nahrungszubereitungskompetenzen gefördert werden. Die Nahrungszubereitung beinhaltet dabei immer die Bereiche der Vorbereitung, die beispielsweise den Einkauf und die Lagerung umfassen, der praktischen Nahrungszubereitung durch das Fühlen, Schälen, Schneiden, Erhitzen und Riechen der Lebensmittel und der Nachbereitung, die zum Beispiel das Schmecken, Reflektieren, Aufräumen und Entsorgen einschließen (vgl. Bartsch et al. 2013, S.89).

Damit beispielsweise nicht zu viele Lebensmittel weggeworfen werden, ist es wichtig, den Schüler*innen zu vermitteln, dass der Haushalt gut geplant werden muss. Hierfür können Koch-Rezepte zu besseren Planung des Einkaufs hilfreich sein.

6.4 Rezepte

Als schriftliche Kommunikationsformen in der Ernährungsbildung können exemplarisch Speisekarten, Rezepte und Kochbücher genannt werden (vgl. Spillner 2017, S.71). Es gibt verschiedene Möglichkeiten, Rezepte für Grundschulkinder darzustellen: beispielsweise als Bildrezept, tabellarische Darstellung oder auch Fließtext. Rezepte finden sich u. a. in Kochbüchern wieder. Kochbücher ähneln sich vom Aufbau her: Inhaltsverzeichnis, Einleitung, Rezepte. In einigen Kochbüchern gibt es Bilder, Nährwerttabellen, Zeitangaben, Einkauflisten, Informationen über Länder, Traditionen, Sitten, Rituale, gesunde und abwechslungsreiche Ernährung und persönliche Geschichten (vgl. Keppler 2009, S.153). Es gibt Kochbücher für Kinder, Singles, Senioren usw. Rezepte geben am Anfang Sicherheit, wie Zutaten zueinander passen und welche Mengenangaben sinnvoll sind. Sie geben aber auch Anregungen, mit den zur Verfügung stehenden Lebensmitteln etwas Ähnliches zu kochen oder eine andere Kombination auszuprobieren. Über all dem steht, dass, wer selbst kocht, der weiß genau, was sich auf seinem Teller und auf dem Teller der Kinder befindet. Das ist die beste Voraussetzung dafür, sich die Ernährungswelt über Lebensmittel mit allen Sinnen positiv zu erschließen. Nicht nur Essen kann ein Genuss sein, sondern auch die Zubereitung eines Gerichts kann es sein. Die Schüler*innen helfen sehr gerne bei der Zubereitung von Mahlzeiten. Was die Kinder rezepttechnisch leisten können, hängt vom Alter der Kinder ab. Dieser Aspekt wird in den aufgeführten Ernährungskonzepten für die unterschiedlichen Jahrgangsstufen/Altersgruppen berücksichtigt, und die „Küchenkompetenz" wird –

wie im Spiralcurriculum vorgesehen – wissensbasiert und handlungsorientiert aufgebaut und weiterentwickelt.

Eine weitere Idee ist es, wenn das Thema Rezepte behandelt wird, dass im Klassenverband oder in Kleingruppen einkaufen gegangen wird, z.B. im Supermarkt oder auf dem Wochenmarkt – je nach dem was an Lebensmitteln benötigt wird. In diesem Kontext lässt sich das Thema „außerschulischer Lernort" im Sachunterricht verorten. Außerschulische Lernorte bieten Kindern in der Ernährungsbildung eine sinnstiftende Möglichkeit, außerhalb des Klassenraumes Themen der Ernährung kennenzulernen und Alltagskompetenzen zu erwerben. Nach Rezept einkaufen zu gehen, bedeutet auch den Umgang mit Geld zu lernen und umzusetzen.

Weiter gedacht …

In der Primarstufe werden gerne kleine Geschenke zum Muttertag, zu Weihnachten etc. gebastelt. Eine Idee wäre hier, ein kleines Rezept zu schreiben und es auch zuzubereiten, um es dann schön verpackt verschenken zu können. Beispielsweise kann eine Gewürzmischung im Unterricht hergestellt werden (s. Kapitel 7.2).

Das folgende Rezept „Tomate-Gurke-Raupen" spricht die Schüler*innen visuell an, denn das Auge isst ja bekanntlich mit. Der Sinn „Sehen" (s. Kapitel 4.2) wird hier geschult. Das Rezept lässt sich gut in die Bausteine der Ernährungspyramide einordnen und eignet sich für die 1. Jahrgangsstufe. Es ist für ein Kind konzipiert. In den weiteren Jahrgangsstufen könnte eine kleine Gruppe von Schüler*innen mehrere „Tomate-Gurke-Raupen" für die ganze Klasse herstellen und hat dann zusätzlich die fächerübergreifende Aufgabe zur Mathematik, das Rezept dementsprechend abzuändern und die Lebensmittelmengen anzugleichen.

Gut zu wissen …

„Ein gutes Kochrezept enthält Angaben über die Anzahl oder Mengen der benötigten Zutaten für ein Gericht sowie Anweisungen über Art und Reihenfolge ihrer Verwendung und Zubereitung" (https://de.thefreedictionary.com) und einer Angabe über die benötigten Küchengeräte. In bestimmten pädagogischen Kontexten bieten sich zudem Bilder an, die einerseits zeigen, wie das fertige Gericht aussehen soll und andererseits erklären diese visuell die notwendigen Arbeitsschritte.

Tomate-Gurke-Raupen

Du brauchst (für eine Raupe):

- ✓ 4 Kirschtomaten
- ✓ 4 Gurkenscheiben
- ✓ 2 Pfefferkörner
- ✓ 1 Schaschlikspieß

Zubereitung:

1. Schneide eine Gurke in fingerbreite Scheiben.
2. Nimm den Schaschlikspieß und spieße nacheinander und abwechselnd Tomaten und Gurken (von den äußeren Seiten) auf, bis am Ende eine lange Raupe entsteht.
3. Stecke auf die erste Tomate zwei Pfefferkörner als Augen der Raupe.

Die Pfefferkörner haben einen sehr starken Geschmack. Wenn du sie nicht magst, nimm sie aus der Tomate bevor du die Raupe isst.

Abb. 40 Rezept für den Baustein „Gemüse"

Weiter gedacht:

Schüler*innen werden zu Rezept-Forschenden, indem sie nach Rezepten in ihrem sozialen Umfeld fragen bzw. forschen, die „schon immer“ gekocht wurden, diese sammeln und niederschreiben. Die Kinder sichten zudem Art und Anzahl im Haushalt verfügbarer Kochbücher und blättern diese durch. Viele Kochbücher sind auch nach Themen sortiert. Es besteht die Möglichkeit, dass überraschende „Rezept-Entdeckungen“ gemacht werden: handschriftliche Notizen, Ausschnitte aus Zeitschriften oder von Lebensmittelverpackungen. In den kindlichen Berichten über die Recherchen der zum Teil tradierten (Familien-)Rezepte werden generationsübergreifende Gemeinsamkeiten und Unterschiede deutlich. Rezepte fungieren als schriftliche Quellen, die zur Rekonstruktion von familiengeschichtlichen wie auch generationsübergreifenden Essgewohnheiten herangezogen werden können (vgl. Becher 2020, S.35).

Die historische Perspektive findet hier einen großen Platz, denn: *„Kochbücher sind ja auch so etwas wie zeitgeschichtliche Bilderbücher.“* (Fahrenkamp 2017, S.11)

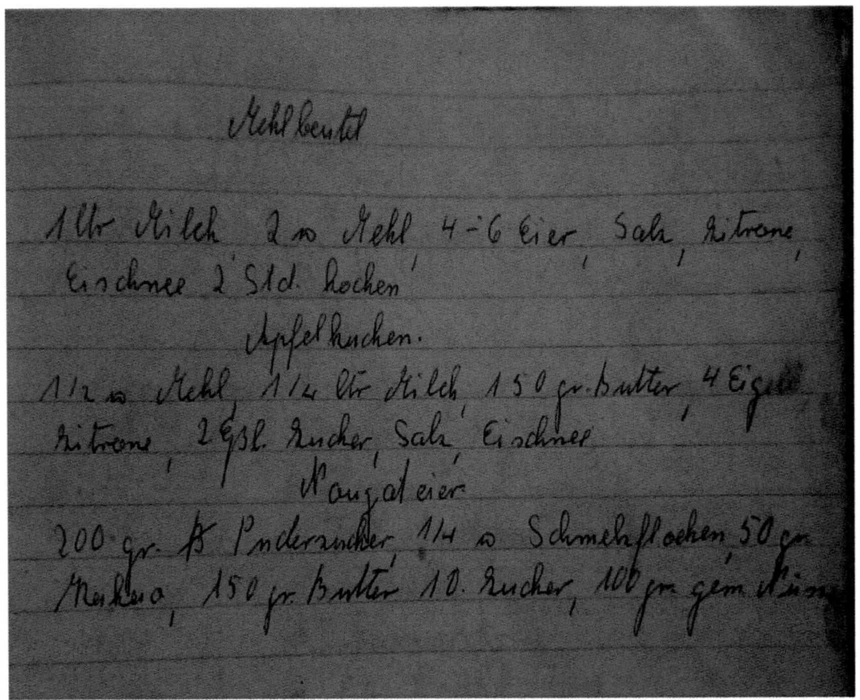

Mehlbeutel

1 ltr Milch 2 Pfd Mehl 4-6 Eier, Salz, Zitrone, Eischnee 2 Std. kochen

Apfelkuchen.

1/2 Pfd Mehl 1/4 ltr Milch 150 gr. Butter, 4 Eigelb, Zitrone, 2 Eßl. Zucker, Salz, Eischnee

Naugateier

200 gr. Puderzucker 1/4 Pfd Schmelzflocken 50 gr Kakao, 150 gr Butter 10. Zucker, 100 gr gem. Nüsse

Abb. 41 Rezept um 1970 von der Großmutter

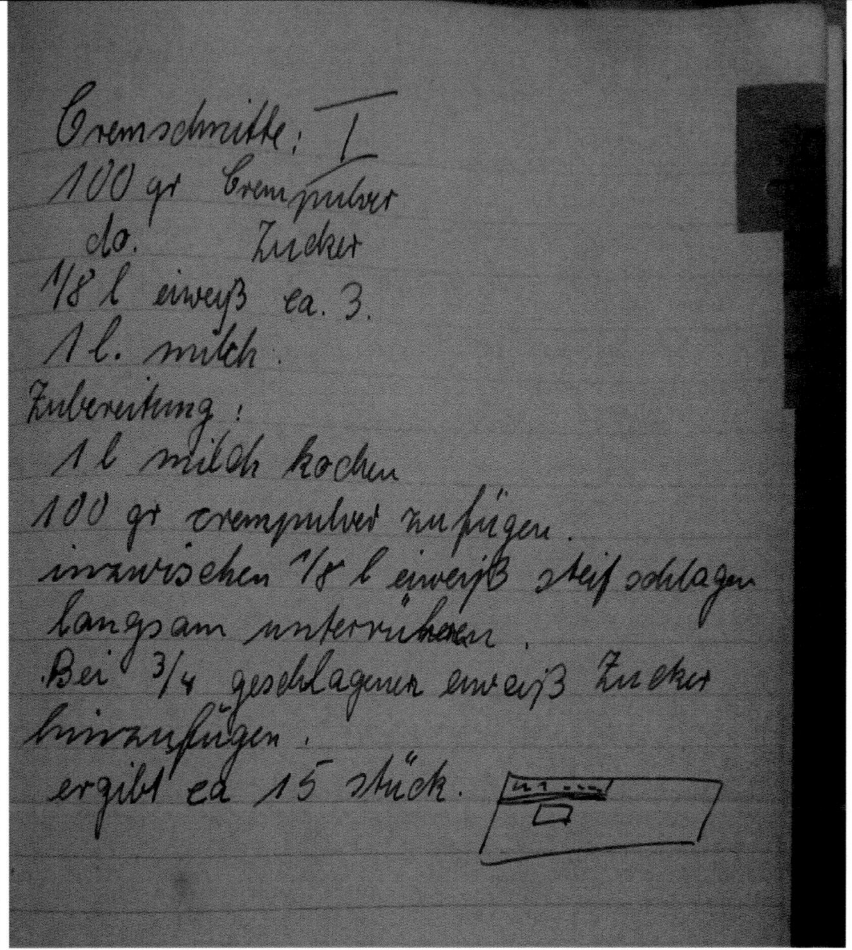

Cremschnitte: I
100 gr Crempulver
do. Zucker
1/8 l einweiß ca. 3.
1 l. milch.
Zubereitung:
1 l milch kochen
100 gr crempulver zufügen.
inzwischen 1/8 l einweiß steif schlagen
langsam unterrühren.
Bei 3/4 geschlagenen einweiß Zucker
hinzufügen.
ergibt ca 15 stück.

Abb. 42 Rezept von 1954 von dem Großvater aus seiner Bäckerlehrzeit

Zudem lassen sich die kulturellen Aspekte der Rezepte gut verorten und thematisieren. Alte Familienrezepte bleiben den Kindern erhalten und bieten eine gute Grundlage, dass Kinder in ihrer Essbiographie eigene Rezepte entwickeln.

„Der sachgerechte Umgang mit Rezepten bildet eine Komponente einer umfassenderen Planungskompetenz: Wer ein Rezept nicht nur liest, sondern die beschriebenen Schritte auch in die Praxis umsetzt, muss fähig sein, die schriftliche Anleitung zu verstehen und die beschriebenen Handlungen dabei exakt zu antizipieren." (Bender 2013, S. 113)

Rezepte bilden Kommunikationsgelegenheiten im Unterricht zur Ernährungsbildung.

Spiralförmig gedacht:

Häufig verliert sich die lose Blätteransammlung von Rezepten in den Mappen und Schultaschen der Kinder. Um dem Ganzen nachhaltig entgegenzuwirken bietet es sich an, über die Grundschulzeit hinweg ein Rezeptbuch anzulegen. Jedes Kind kann sich beispielsweise ein eigenes Rezeptbuch anlegen, welches es am Ende der Grundschulzeit mit nach Hause bekommt. An diesem Rezeptbuch kann in jeder Jahrgangsstufe gearbeitet und altersentsprechend weitere Aspekte mit aufgenommen werden: Rezeptdarstellung, Klimaschutz, saisonal, regional, einkaufen....

Kürbis-Kartoffel-Suppe

Zutaten für 4 Personen:

¼ Kürbis (Hokkaido)
2 mittelgroße Kartoffeln
1 Gemüsebrühwürfel
½ Zwiebel
½ l Wasser
etwas Bärlauch, Salz, Pfeffer
nach Belieben:
- Muskatnuss
- Kokosmilch

Zubereitung:

- Den halben Kürbis mit der Schale in kleinere Stücke schneiden
- Die Kartoffeln schälen und klein Schneiden, ebenso die Zwiebel
- alles in den Kochtopf geben und mit ½ Liter Wasser und den Brühwürfel ca. 15 Minuten kochen lassen
- Salz, Pfeffer und Bärlauch dazu geben und mit dem Mixer ca. 1 Minute Pürieren
- Die Suppe abschmecken (wer möchte kann noch etwas Kokosmilch unterrühren)

Abb. 43 Eigenes Rezeptbuch, Cara, 6. Jahre, 1. Klasse

Wichtig ist es, dass Lehrkräfte die Rezepte vorab zu Hause einmal ausprobieren, die sie gerne im Unterricht einsetzen möchten. Dadurch wird dann schon ersichtlich, ob es für die Zielgruppe geeignet ist. Es hat sich bewährt, die einzelnen Schritte im Rezept zu prüfen, eventuell abzuändern und zu fotografieren. Die Fotos können dadurch zu einem Bildrezept zusammengesetzt werden (s. Kapitel 5.1.4, Abb. Bildrezept Linsenaufstrich). Das erleichtert Schüler*innen der ersten Jahrgangsstufe das „Lesen" von Rezepten, aber auch Kindern höherer Jahrgangsstufen mit Förderbedarf. In vielen Rezepten sind Lebensmittel aufgeführt, die einige Kinder nicht zu sich nehmen dürfen, da sie Unverträglichkeiten gegenüber bestimmten Lebensmitteln haben. Das muss bei der Rezeptwahl berücksichtigt werden.

6.5 Unverträglichkeiten

„Mama, heute hat Marlene Geburtstag gefeiert. Es gab Kakao, und jetzt habe ich ganz starke Bauchschmerzen." (vgl. Karimi; Lippich 2016, S.9)

Laktoseintoleranz ist ein Begriff, der im Schulalltag in der Ernährungsbildung immer mehr an Bedeutung findet. Aber auch Fructoseintoleranz, Glutenunverträglichkeit und Diabetes sind bei Grundschulkindern vertreten. Häufig ist bei Lehrkräften eine Verunsicherung da, wie diese Aspekte mit in die Rezeptauswahl einfließen können. „Sollen jetzt alle Schüler*innen auf Milchprodukte verzichten, wenn ein Kind eine Laktoseintoleranz hat?". Nein! Es ist sinnvoll, mit den Eltern der betroffenen Kinder zu klären, welche Möglichkeiten sie sehen, damit das Kind am Unterricht und auch am gemeinsamen Essen im Klassenverband teilnehmen kann. Eltern können beispielsweise dem Kind die geeigneten Lebensmittel mitgeben. Bei einer Glutenunverträglichkeit kann das entsprechende Brot von zu Hause mitgenommen werden (z. B. für die lustigen Brotgesichter in Kapitel 5.1.2). Lehrkräfte können den Eltern von Schüler*innen mit der Erkrankung Diabetes vorab die Rezepte zukommen lassen, damit die Broteinheiten (BE) berechnet werden können. Kommunikation ist hier das A und O, um allen Kindern die Möglichkeit zu geben, Ernährungsbildung mit Genuss zu erleben. Dafür ist die Sinnesbildung - auch bei Lebensmittelunverträglichkeiten - wichtig, Werden die Sinne geschult, lassen sich geschmackliche Feinheiten feststellen. Für die Lernmotivation und Wissenserweiterung der erkrankten Kinder ist es relevant, die Speisen gemeinsam mit den Mitschüler*innen zuzubereiten. Im Klassenverband wird zusammen Verantwortung für das Zubereiten der Mahlzeiten übernommen, und dadurch lernen die Kinder soziales Verhalten, erwerben aber auch neue Erkenntnisse über bestimmte Krankheiten. Die Krankheitsbilder können bei Bedarf im Klassenverband kindgerecht vorgestellt werden, und die betroffenen Kinder können ihren Mitschüler*innen davon erzählen, um dadurch Verständnis für ihre Erkrankungen gewinnen zu können. Aber nicht nur Unverträglichkeiten spielen eine Rolle im Unterricht, sondern auch die verschiedenen Lebens- und Essstile in den Familien.

6.6 Veggie für Grundschulkinder

In der Menschheitsgeschichte haben sich Esskulturen schon immer gewandelt. Die Wahrnehmung und Wertschätzung tierischer Lebensmittel hat sich verändert, dadurch wächst das Bewusstsein für die gesundheitlichen und ökologischen Auswirkungen des fleischzentrierten Ernährungsverhaltens. Viele Menschen nehmen ihren ökologischen Fußabdruck in Bezug auf den Fleischverbrauch sehr ernst und beschäftigen sich mit dem Thema Vegetarismus und Veganismus.

Gut zu wissen ...

Wie schon im Kapitel 5.1 (Sinnesbildung) aufgeführt, gibt es den **Umami**-Geschmack, der ein Leitaroma von gegartem Fleisch wiedergibt und sich in vielen „Ersatz"-Produkten für Fleisch- und Wurstwaren wiederfindet. 1908 entdeckte der Japaner Kikunae Ikeda diese Geschmacksart und bezeichnete sie als "umami" (wohlschmeckend, köstlich). Vor allem wird der Umami-Geschmack beim Verzehr eiweißreicher Nahrung empfunden.

Mittlerweile gibt es viele vegetarische und vegane Kochbücher, so dass einige Grundschulkinder diesen Ernährungsstil im familiären Umfeld erleben und auch dementsprechend ernährt werden. Doch was bedeutet das für die Ernährungsbildung im Sachunterricht? Muss die Lehrkraft darauf eingehen und die Rezepte entsprechend auswählen? Schauen wir auf gängige Ernährungskonzepte (s. Kapitel 5). In der Ernährungspyramide wird der Baustein Fleisch mitaufgeführt. In den Konzepten „Schmecken mit allen Sinnen. Der Feinschmecker-Kurs für 4- bis 7-Jährige" und „Der Ernährungsführerschein" sind in den Rezepten keine Fleischprodukte vorgesehen, so dass hier die Kinder berücksichtigt werden, die sich vegetarisch ernähren, und trotzdem kann die Lehrkraft den bewussten Fleischkonsum - wie in der Ernährungspyramide aufgeführt - thematisieren. Die Verantwortung für die vegetarische und vegane Ernährung der Kinder liegt bei den Eltern, dennoch können Lehrkräfte Hilfestellungen für eine ausgewogene Ernährung vermitteln und die Kinder in ihrer Essbiographie unterstützen, damit sie einen vielfältigen Genuss erleben können. Neben diesen Aspekten gibt es noch einen weiteren Punkt: Die Digitalisierung im Sachunterricht. Welche Möglichkeiten bieten sich einer Lehrkraft, um die digitalen Medien zum Thema „Ernährung" einsetzen zu können?

6.7 Digitale Medien

In bildungspolitischen Kontexten wird die Nutzung digitaler Medien im Unterricht kontrovers diskutiert. Die digitalen Medien können eine Erweiterung des Handwerkszeuges einer Lehrkraft sein und bieten verschiedene Möglichkeiten, den Unterricht vielfältig zu gestalten. Zudem prägen digitale Medien die Alltagsrealität der Schüler*innen.

„Der Sachunterricht vermag sowohl das Lernen *über* Medien (technische Artefakte und gesellschaftliche Entwicklungen), als auch das Lernen *mit* Medien nicht nur im Kontext von Digitalisierung und sowohl perspektivenbezogen als auch perspektivenvernetzend zu fassen und Digitalisierung in seine welterschließende Kernaufgabe zu integrieren." (AG Medien & Digitalisierung der GDSU 2019, S. 2-3, Hervorhebung i.O.)

Aufgabe der Lehrkräfte ist es deshalb, flexibel didaktische Konzepte, in denen es sowohl analoge als auch digitale Angebote gibt, zu berücksichtigen (vgl. Knopf 2019). Im Sachunterricht gilt es zu prüfen, in welchen Formaten und unter welchen Bedingungen sich digitale Technik für das Lernen *mit* Medien sachunterrichtlich sinnvoll und mit Mehrwert einsetzen lässt. Bereits bestehende didaktisch-methodische Ernährungskonzepte können genutzt und ggf. ergänzt werden (vgl. AG Medien & Digitalisierung der GDSU 2019, S.1). Digitale Medien sollten bewusst ausgewählt werden, da der unreflektierte Einsatz neuer Medien (z.B. als Arbeitsblattersatz) nicht per sé zur Änderung der Lernkultur im Sinne des lebenslangen, selbstverantwortlichen und individuellen Lernens führt (vgl. Peschel 2019, S.9).

Weiter gedacht...

In diesem Kapitel geht es hauptsächlich um das Lernen im Sachunterricht *mit* Medien in der Ernährungsbildung. Ein weiteres Thema könnte hier anschließen: Lernen *über* Medien. Der Sachunterricht mit seiner Vielperspektivität bietet hier viele Möglichkeiten, sich dem Thema „Digitale Medien" zu nähern. Dem Sachunterricht kann hier eine besondere Rolle zugeschrieben werden, da hier die Nutzung von Medien, aber auch die technischen Konzepte ‚dahinter' thematisiert werden können (vgl. Straube u.a. 2018, S.7). Beispielsweise können im Unterricht die Aspekte von Cybermobbing, Fake News, Datenschutz behandelt werden. Viele Grundschulkinder haben bereits ein Handy, fallen zum Teil virtuell über ihre Mitschüler*innen her und nutzen die Anonymität im Internet.

Ein Beispiel für den Einsatz von digitalen Medien ist der Einsatz von Tablets, der hier näher vorgestellt werden soll. Mobile Endgeräte, wie auch das Tablet, gehören zunehmend zum Alltag von Kindern und werden in diesem Kontext selbstverständlich zumeist als Informations-, Kommunikations- und Unterhaltungsmedium integriert. Tablets gelten als schnell verfügbar, handlich und intuitiv bedienbar und sind dabei über alle Schulformen und Klassenstufen hinweg häufig die erste Wahl (vgl. Galley & Mayrbeger 2018, S.37).

Das folgende Bild zeigt ein Kind in der ersten Jahrgangsstufe, das in einem Apfel „steht" und die einfachen Bestandteile des Apfels erklärt: Kerngehäuse, Stängel, Schale. Mit einem Tablet besteht die Möglichkeit, mit der „green screen-Technik" entsprechende Bilder zu erstellen.

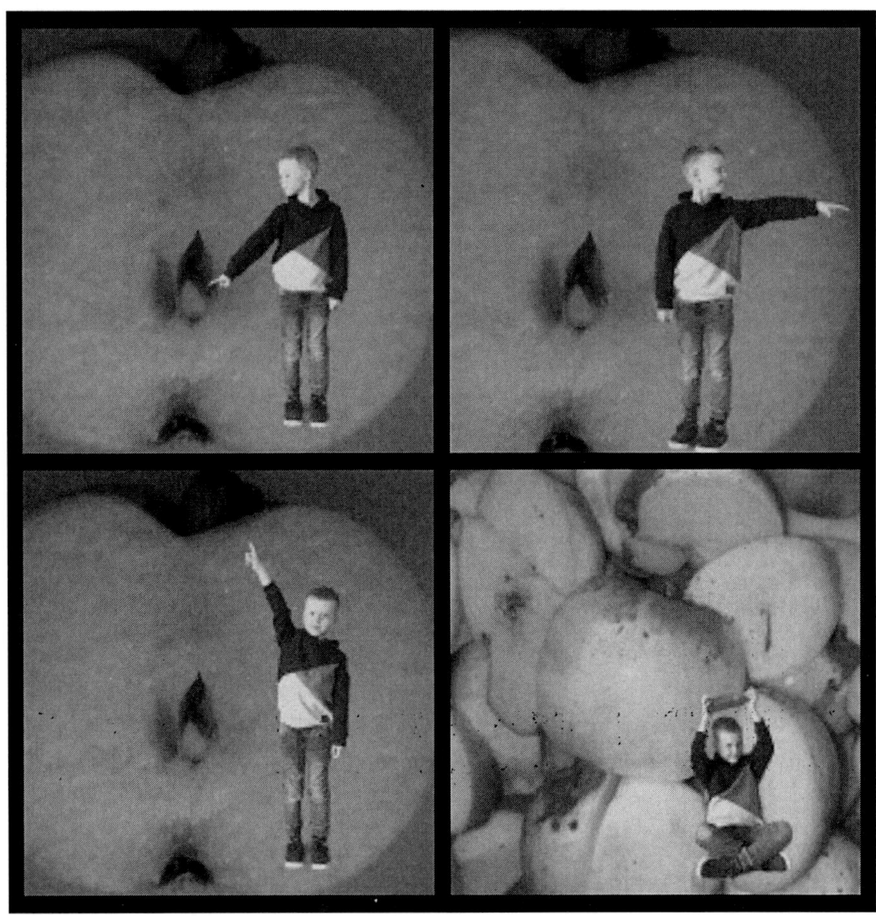

Abb. 44 „Green screen-Technik" Schüler erklärt den Apfel

Weitere Ideen können hier eingebracht werden:

- Ein Kind steht zum Thema „Getreide" in einem Mehlkörper und erklärt dessen Bestandteile.
- Ein Kind erklärt das Händewaschen zum Thema „Körperhygiene" und steht dabei in einem Badezimmer oder in einer Küche.
- Ein Kind hält ein Referat zum Thema „Bauernhof", und im Hintergrund sind Kühe, Hühner etc. zu sehen und zu hören.
- Ein Kind zeigt den Krallen- und Tunnelgriff zum Thema „Schneidetechniken" (s. auch Kapitel 5.2)

Spiralförmig gedacht ...

Wie in dem Bespiel aufgeführt, muss in der ersten Jahrgangsstufe die Lehrkraft das Tablet dementsprechend vorbereiten. Im Laufe der Schullaufbahn sollen die Schüler*innen den Umgang mit dem Tablet weiter ausbauen, um sich eine Medienkompetenz anzueignen. *„Ziel der Medienerziehung ist eine erweiterte Medienkompetenz, und die Vermittlung von Kompetenzen über Medien wird in den Mittelpunkt der medialen Auseinandersetzung im Sachunterricht gerückt."* (GDSU 2013, S.83)

Die Aspekte verdeutlichen die Bereiche, in denen die schulische Ernährungsbildung gefordert ist und ansetzen muss. Um diese Aspekte umzusetzen, braucht es Ideen und Tipps für Materialien.

7. Weitere Materialienideen

Um eine sinnvolle und abwechslungsreiche Ernährungsbildung umsetzen zu können, bedarf es Konzepte und Materialien. Neben den vorgestellten Ernährungskonzepten

(s. Kapitel 5) werden in diesem Kapitel Ideen für Materialien aufgeführt, die eine Hilfestellung und Ergänzung für den Unterricht sein können.

7.1 Sachunterrichtskoffer

Lehrkräfte werden zu „Jägern und Sammlern", wenn es um die Beschaffung anregender Lern- und Unterrichtsmaterialien geht. Dies gilt auch für die Ernährungsbildung, die in allen Jahrgangsstufen Beachtung findet. Besonders beliebt sind umfangreich angelegte und didaktisch aufbereitete Materialsammlungen, die von ganz verschiedenen Anbietern zum Kauf, zum kostenfreien Download oder auch zur Leihe angeboten werden. Auch einige Hochschulen entwickeln solche Materialsammlungen, beispielsweise im Rahmen von Hochschullernwerkstätten oder auch im Kontext von Lehrveranstaltungen. Doch wo sollen alle Materialen gelagert und aufbewahrt werden? Eine Möglichkeit sind die sogenannten Sachunterrichtskoffer – eine Idee aus der Abteilung Sachunterricht der Europa-Universität Flensburg in Zusammenarbeit mit der „EULE" (**E**inrichtung für **U**nterrichtsentwicklung, **L**ernkultur und **E**valuation) der Europa-Universität Flensburg. Die Koffer bieten eine handlungsorientierte Sammlung von Materialien für Grundschüler*innen. Durch die Koffersammlung haben die Lehrkräfte an der Schule ein Repertoire an Materialien zu verschiedenen Themen des Sachunterrichts. Es bietet sich an, die Sachunterrichtskoffer jeweils für die Jahrgangsstufen 1./2. und 3./4. herzustellen. Zudem ist es wichtig, dass in jedem Koffer ein Begleitordner ist, der wie folgt aufgebaut sein kann:

1. **Didaktischer Kommentar zur Unterrichtseinheit**
   - Didaktische Bedeutung des Themas für den Sachunterricht und seine Ansprüche
   - Didaktische Bedeutung des Themas für die Lebenswelten und das Lernen der Kinder
   - Lehrplanbezug (auch Perspektivrahmen und/oder Fachanforderungen)
   - Didaktisch-methodisches Potenzial des Themas
   - ...
2. **Fachwissenschaftlicher Kommentar zur Unterrichtseinheit**
3. **Sammlung möglicher Unterrichtseinstiege**
   Hier sollen Möglichkeiten aufgezeigt werden, wie die Lehrkraft verschiedene Einstiege für die Arbeit mit den Unterrichtsmaterialien gestalten kann (konkrete Ideensammlung mit Umsetzungstipps).
4. **Themenspezifische Unterrichtsbausteine – Unterrichtsthemen und Unterrichtmaterialien**
   Kurzbeschreibung der Systematik der Materialien.

Die Materialien zu den einzelnen Themen vorstellen, Kompetenzen formulieren, Inhalte und Methoden begründen, Beschreibung der Handlungsmöglichkeiten, weiterführende Ideen zu dem Thema aufführen.

5. **Abschluss, Lernkontrollen**
   Hinweise für die Lehrkräfte, wie die Unterrichtseinheit abgeschlossen werden kann und welche Lernkontrollen möglich sind.
6. **Service: weiterführende Ideen und Tipps**
   Internetlinks, Hinweise zu thematisch passenden Kinderbücher und anderen Veröffentlichungen, Hinweise zu möglichen außerschulischen Lernorten (mit kurzen Kommentaren und genauen Kontaktdaten).
7. **Materialliste des Koffers**
   Genaue Bezeichnung und Auflistung der Inhalte.
8. **Kopiervorlagen**
9. **USB-Stick mit den Materialien**
   Dadurch haben die Nutzer*innen die Möglichkeit, die Materialien noch weiter zu modifizieren und zu erweitern.

Das klingt vorweg nach viel Arbeit und Vorbereitung – ist es auch. Aber der Einsatz lohnt sich, zukünftig wird viel Arbeit erspart, und es kann im Kollegium guten Anklang finden. Alle Materialien sind zusammen in einem Koffer und können jederzeit ergänzt werden. Die Koffer lassen sich „wie auf Reisen" gut transportieren, und die Kinder sind jedes Mal gespannt, was sich in dem Koffer verbirgt und haben teilweise gute Ideen für weitere Themen und Materialien. Auf diese Weise entwickelte Materialsammlungen stellen außerdem eine tolle Möglichkeit zur Verzahnung von Theorie und Praxis dar.

Abb. 45 Inhalt SU-Koffer „Ernährung"

Abb. 46 SU-Koffer zu verschiedenen Themen

Neben der Idee der Sachunterrichtskoffer gibt es auch die bekanntere Möglichkeit der Lernwerkstatt.

7.2 Lernwerkstätten

„Werkstattunterricht“ bezeichnet nach Reichen eine Form offenen Unterrichts. Der Begriff "Werkstatt" soll dabei nicht etwa an Hammer und Hobel erinnern, sondern an die Art der Arbeit in einer Werkstatt: Hier wird gearbeitet und zwar gleichzeitig an verschiedenen Aufträgen, zum Teil alleine, zum Teil in Gruppen und meistens ohne den Meister. Laut Reichen bedeutet Lernen im Werkstattunterricht, in einer Lernwerkstatt zu lernen. (vgl. Reichen 1991, S.56-61). Die Lernwerkstatt soll im Rahmen der Selbstkompetenz darauf abzielen, durch gezielte Fragestellungen speziellen Sachverhalten auf den Grund zu gehen und Freude daran zu entwickeln, verschiedene Aspekte zu Themen des Sachunterrichtes zu erforschen. Die gegenseitige Unterstützung und die Zusammenarbeit der Kinder während der Ideenfindung und Problemlösung in der Gruppe dienen auch der Förderung der Sozialkompetenz. Des Weiteren wird ein gemeinschaftlicher und sorgfältiger Umgang mit den zur Verfügung stehenden Materialien gefördert. Durch Lernwerkstätten als „gestaltete Lernlandschaften“ wird den Kindern aller Jahrgangsstufen die Möglichkeit des selbstverantworteten und ganzheitlichen Lernens geboten. Diesbezüglich werden im oder/und außerhalb des Klassenzimmers Lernräume mit einem differenzierten Angebot von Lernmöglichkeiten konzipiert. Des Weiteren werden unterschiedliche didaktisch-methodische Arrangements geschaffen, um handlungsorientierte Lernprozesse mit den Lernenden realisieren zu können (Kranert 2017, S.3). Neben fachlichen Inhalten, werden auch Lernmethoden wie selbstständiges Arbeiten, Partnerarbeit und Arbeiten mit verschiedenen Materialien vermittelt. Bei der Veranschaulichung der Materialien sollte besonders auf folgende Anforderungen geachtet werden:

- Ansprache möglichst vieler Sinnessysteme
- selbsterklärende Gestaltung
- hoher Aufforderungscharakter
- klare Formulierungen, gute Textverständlichkeit
- Berücksichtigung verschiedener Schwierigkeitsgrade innerhalb einer Klassenstufe (z.B. durch Symbole)
- Möglichkeiten der Selbstkontrolle (vgl. Gansel u.a. 2010, S.26)

Nach einem gemeinsamen Einstieg am Anfang der Lernwerkstatt verteilen sich die Schüler*innen z.B. an Thementische, auf denen die Aufgaben, Fragen, Experimente und Materialien zu finden sind. Der gemeinsame Einstieg ist relevant, um Regeln für die Lernwerkstatt aufzeigen zu können. Durch die vielfältigen Thementische der Lernwerkstatt sollen die Kinder den Themenbereich eigenaktiv erkunden, eigene Erfahrungen machen sowie diese zum Teil schriftlich festhalten. Die unterschiedlichen Thementische bieten hierbei ein breites Spektrum an unterschiedlichen Lernbereichen, welche die „Neugierde und Lust am Ausprobieren" (GDSU 2013, S.19) wecken sollen. Sie können unabhängig voneinander benutzt und beliebig miteinander kombiniert werden.

Die Schüler*innen sollen entsprechend dem Perspektivrahmen mit Hilfe der bereitgestellten Materialien und Informationen einen selbstständigen Erarbeitungsprozess vollziehen (vgl. GDSU 2013, S.19f.). Zu vermittelnde Schlüsselqualifikationen sind hierbei vorrangig: das Erkennen von Sachstrukturen, Regeln (der Lernwerkstatt und der Thementische) anerkennen und einhalten, verantwortungsbewusst alleine, in einer Gruppe und oder zu zweit arbeiten, Strukturen verknüpfen und vernetzt denken, sich mit Hilfe von Materialien, wie beispielsweise Karten, Infokarten oder Anleitungen orientieren und selbstständig forschen (vgl. Ministerium für Bildung, Wissenschaft, Forschung

und Kultur des Landes Schleswig-Holstein o.J., S.95). Die Lehrkraft steht den Schüler*innen bei Bedarf beratend zur Seite.

Weiter gedacht…

In einer Lernwerkstatt werden im Rahmen von Inklusion auch Fragen von Heterogenität und Differenzierung im Sachunterricht thematisiert. Für alle Kinder soll eine Lernwerkstatt ein Raum sein, in dem Themen der Ernährungsbildung anschaulich, forschend, experimentell und selbstständig erlernt und bearbeitet werden können. Mit differenzierten Materialangeboten und verschiedenen Niveaustufen zum Forschen, Experimentieren und Lernen kann ein sinnvolles Lernumfeld für alle Kinder aufgebaut werden. In der Lernwerkstatt bestimmen alle Kinder weitgehend selbst über Tempo, Sozialform und Rhythmus ihrer Arbeit und haben darüber hinaus die Möglichkeit, ihren persönlichen Lerninteressen z.B. innerhalb der Ernährungsbildung nachzugehen.

Ebenso können Zusatzaufgaben für Spezialisten berücksichtigt werden.

Im Blick auf die Offene Ganztagsschule bzw. auf die Entwicklung zur Ganztagsschule könnten mit einer Lernwerkstatt auch hochwertige und ergänzende Bildungsangebote für den Bereich der Nachmittagsbetreuung und AGs ermöglicht werden.

Lernwerkstätten bieten sich für die Ernährungsbildung in der Grundschule an. Auch hier können offene Materialangebote mit hohem Aufforderungscharakter die Motivation und das Interesse der Kinder wecken. Folgende **Aspekte** sind für eine Gestaltung einer Lernwerkstatt wichtig:

Entdecken, Experimentieren, Forschen	z.B. Materialkisten oder auch Schubladen zu möglichen Themen der Ernährungsbildung: Ernährungspyramide, leere Lebensmittelverpackungen, Küchengeräte, Mikroskop ...
Beobachten, Entdecken, Wahrnehmen	z.B. Materialkisten oder auch Schubladen für alle Bereiche der Sinneswahrnehmung: Geruchsmemory, Fühlkästen, kleine Schalen ...
Informationen sammeln	z.B. Materialkisten oder auch Schubladen mit einer „Bibliothek“ mit Büchern, Zeitschriften zur Ernährung, aber auch Lernkarteien und weiteren Anschauungsmaterialien. PC, Tablet oder ähnliches.
Einbeziehung des Schulgeländes	z.B. Einrichtung/Nutzung eines Schulgartens, einer Kräuterschnecke ...
Ergebnisse darstellen	z.B. Schulhefte, Pinnwände, Laufzettel, Referat, Portfolio ...

Abb. 47 Aspekte für eine Lernwerkstatt

Beispiel für eine Lernwerkstatt:

Die folgende Lernwerkstatt **„Kräuter und Gewürze“** stammt aus einer Seminararbeit zum Thema „Ernährung und Ernährungskonzepte im Sachunterricht“ (2018) in der Abteilung Sachunterricht an der Europa-Universität Flensburg und wurde in einer Flensburger Grundschule erprobt (vgl. Plinz u.a. 2018). Sie wurde für die Jahrgangsstufen 3. und 4. konzipiert. Die benötigten Materialien wurden von den Studierenden mitgebracht und im Klassenzimmer aufgebaut. Für die Lagerung bieten sich Kisten und Schubladen an, die jederzeit griffbereit sind und die Kinder dadurch die Experimente, etc. selbstständig aufbauen können – so wie es für eine Lernwerkstatt gedacht ist.

Innerhalb dieser Lernwerkstatt lernen die Schüler*innen verschiedene Facetten und Inhalte hinsichtlich der ausgewählten Gewürze kennen. In Bezug auf den Perspektivrahmen Sachunterricht und den Lehrplan für Grundschule des Bundeslandes Schleswig-Holstein ist die Lernwerkstatt an dem Thema Gesundheit und Gesundheitsprophylaxe sowie dem Lernfeld 2: Sicherung menschlichen Lebens: Gesund leben orientiert (vgl. GDSU 2013, S.81; Ministerium für Bildung, Wissenschaft, Forschung und Kultur des Landes Schleswig-Holstein o.J., S.98 & 103). Hierbei geht es vorrangig um das Themengebiet einer ausgewogenen Ernährung, Ernährungsverhalten und die Menge der verwendeten Nahrungsmittel in Bezug auf

Gewürze (beispielsweise von Salz und Zucker) (vgl. GDSU 2013, S.81). Darüber hinaus beinhaltet die Lernwerkstatt aber auch Themen des Lernfeldes 4 des Lehrplans: Heimat und Fremde, in Bezug auf die Herkunft und die Verbreitung der Gewürze (vgl. Ministerium für Bildung, Wissenschaft, Forschung und Kultur des Landes Schleswig-Holstein o.J., S.108). Insgesamt ist die Lernwerkstatt an das Leitkonzept des Lehrplans orientiert: „Die fundamentale Leitidee des Faches ist die erkundende und gestaltende Auseinandersetzung mit der eigenen Um- und Mitwelt." (Ministerium für Bildung, Wissenschaft, Forschung und Kultur des Landes Schleswig-Holstein o.J., S.93). Ziel der Lernwerkstatt ist es, den Kindern die umfangreiche Thematik der Gewürze auf aktive sowie theoretische Weise näher zu bringen. Neben fachlichen Inhalten werden auch Lernmethoden, wie selbstständiges Arbeiten, Partnerarbeit und Arbeiten mit verschiedenen Materialien vermittelt. Zudem wird das Arbeiten mit verschiedenen Sinnen, wie zum Beispiel dem Geruchssinn und dem Tastsinn, geschult. Durch die vielfältigen Thementische der Lernwerkstatt sollen die Schüler*innen den Themenbereich der Gewürze eigenaktiv erkunden, eigene Erfahrungen machen sowie diese schriftlich festhalten. Die unterschiedlichen Thementische bieten hierbei ein breites Spektrum an unterschiedlichen Lernbereichen, welche die „Neugierde und Lust am Ausprobieren" (GDSU 2013, S.19) wecken sollen.

Die Schüler*innen sollen entsprechend dem Perspektivrahmen mit Hilfe der bereitgestellten Materialien und Informationen einen selbstständigen Erarbeitungsprozess vollziehen (vgl. GDSU 2013, S.19f.). Zu vermittelnde Schlüsselqualifikationen sind hierbei vorrangig: das Erkennen von Sachstrukturen, Regeln (der Lernwerkstatt und der Thementische) anerkennen und einhalten, verantwortungsbewusst alleine, in einer Gruppe und oder zu zweit arbeiten, Strukturen verknüpfen und vernetzt denken, sich mit Hilfe von Materialien, wie beispielsweise Karten, Infokarten oder Anleitungen orientieren und selbstständig forschen (vgl. Ministerium für Bildung, Wissenschaft, Forschung und Kultur des Landes Schleswig-Holstein o.J., S.95).

Extra-Thema: Was ist dein Lieblingsgewürz?

Sind Kinder schon früh mit einem Thementisch fertig, bietet sich ein Ratespiel zu dem Thema Gewürze an:

1. Findet euch in Zweiergruppen zusammen.
2. Ein Kind denkt an sein/ ihr Lieblingsgewürz und beschreibt es. Das andere Kind muss es erraten.

Abb. 48 Die vorbereitete Lernwerkstatt „Kräuter und Gewürze“ im Panorama-Blick

Der Thementisch „Fühlboxen“

Die Idee

Auf diesem Thementisch liegt der Fokus auf zwei wesentlichen Sinnesorganen. Zum einen auf dem Tastsinn und zum anderen auf dem (Er-)Riechen. Die vier gleichaussehenden Boxen werden der Reihe nach erkundet. In jeder Box wird das jeweilige Gewürz nur mit den Fingern vorsichtig erfühlt, während die Augen geschlossen bleiben. Um einen umfassenderen Eindruck dieses Gewürzes bzw. der Kräuter zu erlangen, ist es erwünscht, nach dem Fühlen an den Fingern zu riechen, wodurch gleich zwei Komponenten der Sinne angesprochen werden.

Die Sicherung dieser Eindrücke soll auf dem Arbeitsbogen festgehalten werden. Hier haben die Kinder einerseits die Möglichkeit, vorgegebene Eigenschaften einzukreisen, andererseits können sie auch eigene Impressionen in den dafür vorgesehenen Zeilen festhalten. Weiter soll die eigene Vorstellungskraft angeregt werden, indem ein ausgewähltes Gewürz der jeweiligen Box auf der Rückseite des Arbeitsbogens kurz skizziert wird. Ferner soll eine Vermutung aufgestellt werden, um welches Gewürz es sich handeln könnte. Auch dies wird auf dem Arbeitsbogen notiert. Als letzter Arbeitsschritt sind hinter den Boxen Lösungen ausgelegt, die zur Kontrolle aufgeklappt werden, sodass Lösung und Vermutung miteinander verglichen und ggf. verbessert werden können.

Ziele

- Die Schüler*innen verwenden verschiedene Sinne, um neue oder bereits bekannte Gewürze und Kräuter zuordnen zu können.
- Die Schüler*innen können Sinneseindrücke verschriftlichen.
- Die Schüler*innen sind in der Lage, anhand ihrer Vorstellungskraft Formen zeichnerisch zu transferieren.

Benötigte Materialien

Um diesen Thementisch umsetzen zu können, benötigt man Boxen, Schachteln oder Schuhkartons – je nach Anzahl der für diesen Tisch verwendeten Gewürze/Kräuter. Diese müssen farblich einheitlich gestaltet werden, um die Kinder möglichst wenig visuell abzulenken. Am besten bieten sich dafür die Farben Schwarz oder Weiß an, die Gestaltung kann mithilfe von Sprühdosen oder Krepppapier umgesetzt werden. Des Weiteren werden die ausgewählten Gewürze und Kräuter gebraucht, die entweder im eigenen Haushalt bereits vorhanden sind oder im Supermarkt käuflich erworben werden müssen. Zur Umsetzung dieses Thementisches muss pro Box ein Tisch sowie zum Bearbeiten des Arbeitsbogens mindestens ein weiterer Tisch und drei bis vier Stühle bereitgestellt werden.

Verlauf des Thementisches

Die Schüler*innen sind zuerst aufgefordert, die Arbeitsanweisungen auf dem

Arbeitsbogen aufmerksam durchzulesen. Wenn dies erfolgt ist, können sie direkt beginnen, ihre Hände vorsichtig in eine der Boxen zu legen und das darin enthaltene Gewürz zu (er-)fühlen. Wenn sie einen ersten Eindruck erlangen konnten, halten sie diesen im nächsten Schritt auf dem Arbeitsbogen fest, indem sie entweder vorgegebene Adjektive einkreisen oder zusätzlich eigene Gedanken in Form von Stichpunkten notieren. Auf diese Weise wird auch an den anderen Boxen verfahren. Bei jeder Box ist es ihnen freigestellt, eine erste Vermutung, was sich darin verbergen könnte, aufzuschreiben. Wenn die Kinder damit fertig sind, zeichnen sie ein Gewürz, das sie erfühlt haben, skizzenhaft auf. Als letztes gehen sie hinter die Boxen und können die Lösungsklappkarten mit ihren Vermutungen vergleichen.

Abb. 49 Thementisch „Fühlboxen“

Name: Datum:

Arbeitsbogen Fühlboxen

1. Lege deine Hand in eine Box und **fühle** das Gewürz. Damit du nicht schummelst, schließe deine Augen. Du darfst das Gewürz dabei **nicht** aus der Box nehmen.

2. Wie fühlt sich das Gewürz an? **Kreise ein**. Wenn dir etwas anderes einfällt, **schreibe** es darunter.

Box 1:________________________

eckig *rund* *hart* *weich*
glatt

rau *dick* *dünn* *groß* *klein*

Es fühlt sich auch so an:

____

Box 2:________________________

eckig *rund* *hart* *weich*
glatt

rau *dick* *dünn* *groß* *klein*

Es fühlt sich auch so an:

____

1

Abb. 50 Arbeitsbogen Fühlboxen Teil 1

Name: Datum:

Box 3:_______________________

eckig *rund* *hart* *weich*
glatt

rau *dick* *dünn* *groß* *klein*

Es fühlt sich auch so an:

____

Box 4:_______________________

eckig *rund* *hart* *weich*
glatt

rau *dick* *dünn* *groß* *klein*

Es fühlt sich auch so an:

____

3. **Suche** dir eine Box aus, die du schon **erkundet** hast. Was denkst du, wie das Gewürz aussieht? Weißt du auch, wie es heißt? **Zeichne und benenne**. Dabei kannst du die Rückseite des Arbeitsbogens benutzen.

4. Wenn du fertig bist, gehe hinter die Box und sieh dir die **Lösung** an. **Schreibe** nun hinter jede Box auf deinem Arbeitsbogen den richtigen Namen des Gewürzes.

Hast du einen Treffer? Dann bist du ein richtiger Gewürz-Profi!

2

Abb. 51 Arbeitsbogen Fühlboxen Teil 2

Der Thementisch „Gewürz-Paare finden"

Die Idee

Beim Thementisch „Gewürz-Paare finden" wird die Ursprungsform der dreizehn ausgewählten Gewürze thematisiert. Dies wird in Form des bekannten Kinderspiels Memory geschehen. Ein Paar im Spiel werden immer eine Ursprungsform des Gewürzes und ein Endprodukt sein. Die Karten werden so aufgebaut, dass eine Karte aus einem Foto der Ursprungsform oder des Endproduktes des Gewürzes und dem Namen des Produktes besteht. Der Name soll enthalten sein, da die Schüler*innen die Ursprungsformen und Endprodukte noch nichtzuordnen können und dies erst durch das „Paare finden" (kennen-)lernen sollen. Die Sicherung des im Spiel Erlernten wird durch einen Arbeitsbogen erfolgen. Hier werden jeweils die Fotos von Ursprungsform und Endprodukt nebeneinandergestellt. Diese sollen von den Schüler*innen beschriftet werden, dazu gibt es neben den Fotos einen leeren Kasten.

Ziele

- Die Schüler*innen kennen den Zusammenhang zwischen Gewürzpflanzen und -endprodukten.
- Die Schüler*innen können die Pflanzen den Gewürzen zuordnen.

Benötigte Materialien

Für die Umsetzung der Idee braucht man vor allem einen Computer/Laptop mit einem Schreibprogramm (z.B. Microsoft Word) zum Erstellen des Arbeitsbogens und einem Tabellenkalkulationsprogramm (z.B. Microsoft Excel) zum Erstellen des Spiels „Gewürz-Paare finden". Außerdem werden Fotos von Gewürzursprungsformen und -produkten benötigt. Wenn die Materialen erstellt sind ist es wichtig, dass zumindest das Spiel farbig ausgedruckt wird, damit Merkmale der Ursprungsformen und Endprodukte erkannt und unterschieden werden können. Zum Schutz der Karten und zur Wiederverwendbarkeit werden die Karten laminiert. Der Arbeitsbogen kann auch in Schwarzweiß ausgedruckt werden. Vor Ort werden Tische und Stühle benötigt, damit das Spiel gespielt und der Arbeitsbogen ausgefüllt werden kann.

Verlauf des Thementisches

Nachdem die Schüler*innen die Anleitung aufmerksam durchgelesen haben, wird zuerst das Spiel gespielt. Dies geschieht zu zweit oder zu dritt. Nachdem die Karten gemischt und verdeckt auf dem Tisch verteilt werden, beginnt das jüngste Kind. Es deckt zwei Karten auf. Wenn diese Karten ein Paar sind, beginnt es mit diesem einen

Stapel und darf erneut zwei Karten aufdecken. Wenn die Karten kein Paar ergeben, ist das nächste Kind (bei drei Spielern im Uhrzeigersinn) an der Reihe. Generell gilt die Regel, dass man solange an der Reihe ist, bis die aufgedeckten Karten kein Paar mehr ergeben. Die Schüler*innen sammeln ihre Karten auf einem Stapel vor sich und das Spiel ist beendet, wenn keine verdeckten Karten mehr auf dem Tisch liegen. Das Kind mit den meisten Karten hat gewonnen. Nach dem Spiel wird der Arbeitsbogen ausgefüllt. Dies erfolgt, wenn möglich, ohne Hilfe oder mithilfe der Mitspieler*innen oder der Spielkarten.

Abb. 52 Thementisch „Gewürzpaare finden“

Das „Gewürz-Paare finden"-Spiel

In diesem Spiel lernt ihr 13 Gewürze kennen.

Anleitung für das Spiel:

Das „Gewürz-Paare finden"-Spiel wird wie ein Memory gespielt. Das Spiel wird mit zwei bis drei Kindern gespielt.

Die Spielkarten werden gemischt und verdeckt auf dem Tisch verteilt.

Das jüngste Kind darf beginnen. Es deckt zwei Karten auf.

Wenn die zwei Karten ein Paar ergeben, darf man sie behalten und noch einmal zwei Karten aufdecken.

Wenn die zwei Karten kein Paar ergeben, ist das nächste Kind dran. Dieses darf dann auch zwei Karten aufdecken.

Ein Kind ist immer solange an der Reihe, bis die Karten, die es aufdeckt, kein Paar mehr ergeben.

Das Spiel ist beendet, wenn alle Paare aufgedeckt wurden und keine verdeckten Karten mehr auf dem Tisch liegen.

Gewonnen hat das Kind mit den meisten Karten.

Abb. 53 Das „Gewürz-Paare finden"-Spiel

Der Thementisch „Gewürzmischung"

Die Idee

Die Grundidee des Thementisches Gewürzmischung ist es, dass die Schüler*innenselbstständig eigene Erfahrung in Bezug auf die Verwendung und Geschmack verschiedener Gewürze sowie deren Zusammenstellung zu einer Gewürzmischung machen können. Insbesondere die Motivation und das Interesse Kinder für die Lernwerkstatt „Kräuter und Gewürze" sollen durch das Ausprobieren, das aktive Arbeiten mit den Gewürzen sowie das Erstellen eines Endproduktes, welches sie mit nach Hause nehmen können, gesteigert werden. Dadurch lernen die Schüler*innen nicht nur in der Theorie etwas über verschiedene Gewürze, sondern können aktiv werden und die Gewürze in die Hand nehmen. Bei diesem Thementisch werden vor allem die Sinne Geruch und Geschmack angesprochen. Mit Hilfe dieser Sinnesorgane und einer kleinen theoretischen Grundlage in Form von Infokarten sollen die Schüler*innen die Gewürze, die sie am meisten ansprechen, auswählen, bearbeiten und zu einer für sie ansprechenden Gewürzmischung zusammenmischen. Begleitet wird die selbstständige Arbeit mit einem Arbeitsbogen, welcher der Vorbereitung, aktiven Bearbeitung der Gewürze sowie der Reflexion über die fertiggestellte Gewürzmischung dient.

Ziele

- Die Schüler*innen lernen die verschiedenen Aromen, Gerüche und Verwendungen der Gewürze kennen.
- Die Schüler*innen lernen den sicheren Umgang mit Küchengeräten, wie z.B. Mörser, Messer und Schere.
- Die Schüler*innen lernen ihre Sinneseindrücke zu formulieren und schriftlich festzuhalten.
- Die Schüler*innen schulen das selbstständige Arbeiten mit den ihnen zur Verfügung stehenden Materialien.

Benötigte Materialien

Der Thementisch „Gewürzmischung" ist ein sehr materialaufwändiger Tisch. Zunächst wird eine Anleitung in zweifacher Ausfertigung erstellt und laminiert. Es ist sinnvoll, eine Infokarte zu jedem zur Verfügung stehendem Gewürz zu erstellen und zu laminieren, da davon auszugehen ist, dass die Kinder viele der Gewürze noch nicht kennen und sich dadurch einen Überblick verschaffen können.

Der Arbeitsbogen muss in ausreichender Stückzahl ausgedruckt werden.

Zur Herstellung der Gewürzmischung und Bearbeitung der Gewürze werden Mörser, Bretter, Scheren, Schälchen und Teelöffel benötigt. Des Weiteren werden die entsprechenden Gewürze möglichst in ihrer Ursprungsform, gegebenenfalls aber auch in Pulverform, wenn diese nicht als Pflanze zu finden sind, benötigt. Zur Aufbewahrung der Gewürzmischungen eignen sich durchsichtige Zip-Beutel. Zur Beschriftung der Zip-Beutel ist ein schwarzer Permanentstift geeignet. Zum Probieren der eigenen Gewürzmischung können Schmand oder Joghurt verwendet werden.

Verlauf des Thementisches

Zu Beginn lesen sich die Kinder alleine oder zu zweit aufmerksam die Anleitung fürden Thementisch Gewürzmischung durch. Die Anleitung erklärt zum einen, um was es sich bei einer Gewürzmischung handelt, sodass die Schüler*innen eine Idee dazu entwickeln, um was es sich bei dem Endprodruckt handeln soll. Auf der ersten Seite der Anleitung sind ebenfalls Hinweise zur Aufbewahrung der fertiggestellten Gewürzmischungen aufgeführt sowie Warnhinweise für manche der stark aromatischen Gewürze. Auf der zweiten Seite folgt eine schrittweise und sehr detaillierte Anweisung der Vorgehensweise. Mit Hilfe dieser sollten die Kinder in der Lage sein, sich die benötigten Materialien zu besorgen, Gewürze auszuwählen, zu bearbeiten und zu einer Gewürzmischung zu verarbeiten sowie zum Schluss den

Arbeitsplatz sauber zu hinterlassen (vgl. Abb. Anleitung). Zusätzlich bekommen alle Kinder einen Arbeitsbogen, der zusätzlich als Orientierung dienen kann (vgl. Abb. Arbeitsbogen).

Die Schüler*innen beginnen mit dem Hygienecheck und waschen ihre Hände. Nun müssen sie ihren Arbeitsplatz vorbereiten. Für die erfolgreiche Durchführung dieses Thementisches benötigen die Schülerinnen und Schüler einiges an Materialien. Diese sind in Schritt 3 der Anleitung genau aufgeführt: 1 Brett, 1 Messer, 1 Schere, 1 Teelöffel, 1 Schälchen, 1 Beutel, 1 Arbeitsbogen, 1 Anleitung für je zwei Kinder. Aufgrund der Menge der zur Verfügung stehenden Gewürze ist es nun sinnvoll, sich einen Überblick über die verschiedenen Gewürze zu verschaffen und sich mit Hilfe der Infokarten auf dem Tisch die Informationen anzulesen. Auf den Infokarten finden die Schüler*innen unter anderem Hinweise zu dem Geschmack der Gewürze, der Verwendung in der Küche und welche Gewürze besonders gut zu anderen Gewürzen passen. Diese Hinweise sollen ihnen beim Auswählen und Zusammenstellen der fünf bis sechs verschiedenen Gewürze helfen. Auf dem Arbeitsbogen können die Kinder bei der ersten Aufgabe ankreuzen, welche Materialien sie bereits haben und ob noch welche fehlen. In der folgenden Aufgabe können die Schüler*innen die Bezeichnung ihrer ausgewählten Gewürze tabellarisch schriftlich festhalten. Die 3. Aufgabe bezieht sich auf den Geruchssinn. Die Kinder an diesem Thementisch sollen den Geruch ihrer selbst ausgewählten Gewürze feststellen und versuchen zu benennen.

Nun geht es zur eigentlichen Herstellung der Gewürzmischung. Die Kinder sollen mit Hilfe verschiedener Werkzeuge, beispielsweise einem Mörser, die ausgewählten Gewürze zerkleinern. Daraufhin werden die Gewürze in einem kleinen Schälchen zusammen gemischt. Die Menge der verschiedenen Gewürze wählen die Schüler*innen selbstständig aus. Der Großteil der fertiggestellten Gewürzmischung wird in einen durchsichtigen Zip-Beutel gefüllt und mit dem Namen der Kinder beschriftet. Der Rest der Gewürzmischung wird mit etwas Schmand oder Joghurt verrührt. Diesen können die teilnehmenden Kinder nun testen und anschließend auf ihrem Arbeitsbogen bewerten. In einem letzten Schritt sollen die Schüler*innen ihre verwendeten Materialien und Werkzeuge säubern und ordentlich zurücklegen, sodass der Arbeitsplatz für die nächste Schülerin oder den nächsten Schüler frei wird.

Weiter gedacht...

Die Pflanzenwelt spielt im Sachunterricht eine maßgebliche Rolle und dieses Unterrichtsthema findet sich im Perspektivrahmen im Kapitel zur naturwissenschaftlichen Perspektive „Belebte und unbelebte Natur“ wieder (vgl. GDSU 2013, S. 37 f.) Durch einen eigenen Anbau in der Schule (z.B. im Schulgarten oder Hochbeet) kann eine Pflege, Ernte und Konservierung von verschiedenen Kräutern und Gewürzen im Sachunterricht durch die Kinder und Lehrkräfte erfolgen. Öle, Tees und Kräutersalze können im Unterricht hergestellt werden.

Abb. 54 Thementisch „Gewürzmischung“

Als Beispiel für eine Infokarte für die Gewürzmischung wurde das Kraut Rosmarin gewählt.

Rosmarin

Geschmack	Stark würzig, herb-bitterer Geschmack
Verwendung in der Küche	Fleisch, Fisch, Salate, Suppen, Kartoffelgerichte
Passt zu	Knoblauch, Basilikum, Pfeffer

Abb. 55 Infokarte „Rosmarin“

Was ist eine Gewürz-/Kräutermischung?

Bei einer Gewürz-/Kräutermischung werden verschiedene Gewürze und Kräuter miteinander kombiniert. Die Zusammensetzung der verschiedenen Gewürze und Kräuter beruht auf dem Geschmackempfinden des einzelnen Menschen. Meistens besteht eine Gewürz-/Kräutermischung aus 4 bis 5 Gewürzen und Kräutern. Die Gewürz-/Kräutermischung kann zum Verfeinern von Gerichten, wie zum Beispiel von Suppen oder Soßen genutzt werden.

Achtung: Einige Gewürze sind stark aromatisch. Diese sollten in nicht zu großen Mengen verwendet werden. Zu diesen Gewürzen gehören beispielsweise: Pfeffer, Muskat und Knoblauch.

Tipps zur Aufbewahrung:

- Die selbstgemachte Gewürz-/Kräutermischung gut trocknen lassen.
- Die Gewürz-/Kräutermischung trocken, kühl und dunkel lagern.

Schritt 1	Lies Dir die Anleitung gründlich durch. Befolge die Arbeitsschritte nacheinander.
Schritt 2	Bereite deinen Arbeitsplatz vor. Dieser sollte sauber und ordentlich sein. Wasche Deine Hände und binde gegeben falls deine Haare zurück.
Schritt 3	Du brauchst folgende Arbeitsmaterialien: - 1 Brett - 1 Messer - 1 Schere - 1 Teelöffel - 1 Schälchen - 1 Zip-Beutel - 1 Arbeitsbogen - 1 Anleitung für zwei Schüler*innen (Kreuze auf Deinem Arbeitsbogen ab, was du bereits hast)
Schritt 4	Schau dir die Kräuter- und Gewürzpflanzen an. Lies dir die jeweiligen Infokarten dazu durch.
Schritt 5	Wähle 4 bis 5 Gewürze und/ oder Kräuter aus, die dich besonders ansprechen. Schneide (mit der Schere) oder pflücke vorsichtig ein bisschen von diesen Gewürz- oder Kräuterpflanzen ab.
Schritt 6	Wie riechen die Kräuter und Gewürze? Notiere dies in der Tabelle auf deinem Arbeitsbogen.
Schritt 7	Zerkleinere die Kräuter und Gewürze mit dem Mörser und/ oder dem Messer.
Schritt 8	Mische deine Kräuter und Gewürze mit einem Teelöffel in einem Schälchen zusammen. Fülle den Großteil deiner Gewürz-/Kräutermischung in einen Beutel und ziehe ihn gut zu.
Schritt 9	Mische den Rest deiner Gewürz-/Kräutermischung in einem Schälchen mit etwas Schmand oder Joghurt zusammen. Schmeckt deine Gewürz-/Kräutermischung gut? Schreibe Deine Geschmacksempfindungen auf deinem Arbeitsbogen auf.
Schritt 10	Säubere deinen Arbeitsplatz. Wasche alle Arbeitsmaterialien (Küchengeräte) ab. Lege die Sachen so zurück, wie du sie zu Anfang vorgefunden hast.

Abb. 56 Anleitung „Gewürz-/Kräutermischung“

Name:______________________ Datum:__________________

Arbeitsbogen: Gewürz-/Kräutermischung

(1) Dein Arbeitsplatz:
- ordentlich und sauber? ☐
- 1 Brett ☐
- 1 Messer ☐
- 1 Mörser ☐
- 1 Schere ☐
- 1 Schälchen ☐
- 1 Zip-Beutel ☐
- 1 Teelöffel ☐

(2) Wähle 4 bis 5 Gewürze und/oder Kräuter:

- ____________ - ____________ - ____________

- ____________ - ____________

(3) Teste den Geruch und den Geschmack deiner ausgewählten Gewürz- und Kräuterpflanzen.

Der Gewürz- oder Kräutername	**Wie riecht es?**	**Wie schmeckt es?**

(4) Wie schmeckt Deine Gewürz-/Kräutermischung mit Schmand oder Joghurt? Kreuze an.

☐ ☐ ☐

Abb. 57 Arbeitsbogen „Gewürz-/Kräutermischung“

Der Thementisch „Gewürzweltreise"

Die Idee

Bei dem Thementisch „Gewürzweltreise" werden die Herkunftsländer sowie die Verbreitung von 11 der in der Lernwerkstatt ausgewählten Gewürze thematisiert. Dies wird in Form eines eigens konzipierten Würfelspiels realisiert. Das Würfelspiel „Gewürzwelteise" besteht aus einer Spielanleitung, 11 Spielkarten, einem Spielfeld, drei bis vier Spielfiguren sowie drei bis vier Würfeln. Die Spielanleitung stellt kurz den Ablauf und die Regeln des Spiels dar. Die Spielkarten im Din-A5-Format sind kurze Steckbriefe der 11 Gewürze, die an diesem Thementisch im Mittelpunkt stehen. Zur Veranschaulichung befinden sich in der Kopfzeile der Spielkarten Fotos von den jeweiligen Gewürzursprungsformen und -produkten. Darunter folgen Informationen über die Herkunftsländer und die Verbreitung des Gewürzes. Die Fotos werden unter anderem auch beim „Gewürzpaare finden-Spiel" in der Lernwerkstatt verwendet, wodurch den Kindern ein Widererkennungseffekt ermöglicht werden soll. Pro Spielkarte/Gewürz sollen mit der Spielfigur durch Würfeln ein Herkunftsland und ein Land, in dem das Gewürz heutzutage verbreitet ist, „bereist" werden. Das Spiel ist beendet, wenn alle Spielkarten vom Stapel aufgedeckt wurden. Gewonnen hat das Kind mit den meisten Spielkarten.

Die Intention des Spiels liegt darin, dass die Schüler*innen verstehen sollen, dass die meisten Gewürze, die heutzutage zum Kochen verwendet werden, gar nicht aus Deutschland kommen. Außerdem sollen sie aus den zurückgelegten Wegen mit ihrer Spielfigur schließen, was für einen weiten Transportweg die 11 ausgewählten Gewürze hinter sich bringen mussten, um bei uns in den Küchen eingesetzt werden zu können.

Ziele

Perspektivübergreifende Denk-, Arbeits- und Handlungsweisen

- Die Schüler*innen verstehen die Spielanweisung.
- Die Schüler*innen kommunizieren zielführend während des Spiels miteinander über die unterschiedlichen Herkunftsländer der Gewürze.
- Die Schüler*innen arbeiten beim Suchen und Finden der jeweiligen Länder auf der Weltkarte zusammen.

Perspektivbezogenen Kompetenzen bzw. Kompetenzansprüche

- Die Schüler*innen verstehen die weite Distanz von den Herkunftsländern der Gewürze bis nach Deutschland.

Benötigte Materialien

Für die Umsetzung der anfangs beschriebenen Idee benötigt man:

- vier Würfel und vier Spielfiguren;
  eine Weltkarte, die im Din-A2-Format als Spielfeld fungieren soll;
- zum Gestalten der Laufwege auf der Weltkarte einen schwarzen Fineliner sowie weiße, runde Aufkleber;
- 11 laminierte Spielkarten mit Fotos von den jeweiligen Gewürzursprungsformen und -produkten sowie den notwendigen Informationen;
- eine laminierte Spielanleitung;
- Tische und Stühle;
- Tesafilm oder ähnliches, um die Weltkarte auf dem Tisch zu befestigen.

Je nach der Klassengröße werden die gesamten Materialien, die Bestandteile des Würfelspieles sind, eventuell in zweifacher Ausführung benötigt.

Verlauf des Thementisches

Nachdem die Kinder die Spielanleitung aufmerksam durchgelesen haben, dürfen sie mit der Gewürzweltreise beginnen. Dies geschieht zu dritt oder zu viert pro Spiel. Das jüngste Kind darf das Spiel beginnen, indem es eine Spielkarte zieht. Zunächst soll es von seinem Startpunkt, der farbig passend zu seiner Spielfigur dargestellt ist, zum vorgegeben Herkunftsland des Gewürzes, das auf seiner ersten gezogenen Karte aufgeführt ist, „reisen". Die Spielfigur darf nur auf den vorgegebenen Wegen „reisen". Auf den Spielkarten ist das Land, in welches die Kinder mit ihrer Spielfigur „reisen" sollen, wie folgt gekennzeichnet:

➔ Dein nächstes Ziel ist ...
➔ Reise weiter nach ...

Zunächst soll eines der Herkunftsländer „bereist" werden und im Anschluss ein Land, in dem das Gewürz heutzutage verbreitet ist. Die runden Aufkleber, die ein Herkunfts- oder Verbreitungsland repräsentieren sollen, sind braun ausgemalt. Nachdem die Kinder mit ihrer Spielfigur durch Würfeln die beiden dann Länder eines Gewürzes „bereist" haben, dürfen sie eine weitere Spielkarte ziehen.

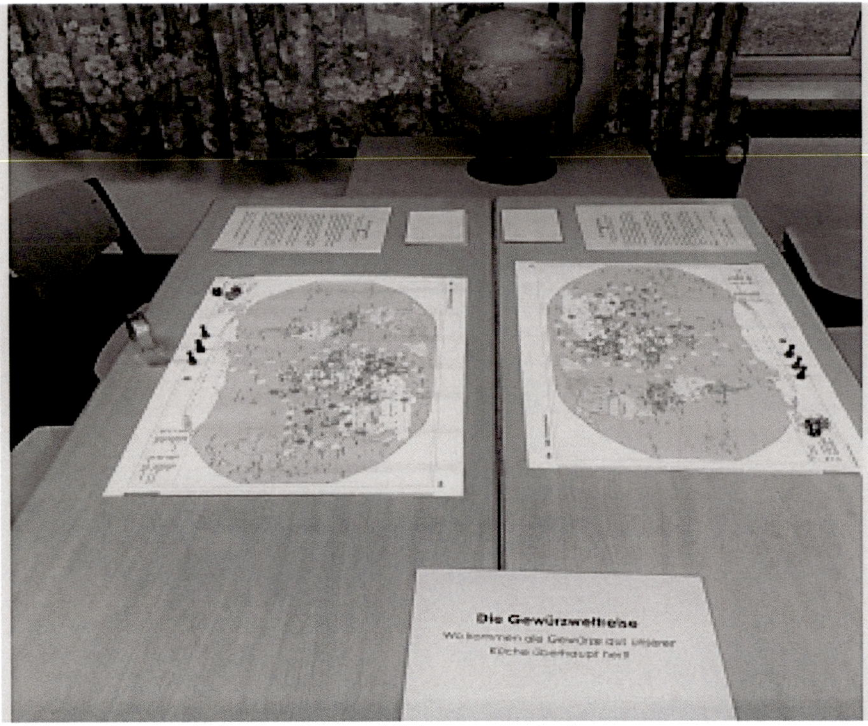

Abb. 58 Thementisch „Gewürz- und Kräuterweltreise"

Für dieses Spiel können gängige Weltlandkarten in den Einsatz kommen.

Gut zu wissen...

Um Kräuter handelt es sich per Definition dann, wenn Blätter, Sprossen, Blüten oder Teile davon verwendet werden.

Gewürze werden aus Blüten, Knospen, Früchte, Wurzeln, Wurzelstöcken, Rinden, Samen Zwiebeln oder Teilen davon – vorwiegend in getrockneter Form – hergestellt.

(www.waldheimer-gewuerze.de)

Die Gewürz- und Kräuterweltreise

In diesem Spiel lernt ihr 13 Gewürze und Kräuter kennen und erfahrt woher sie ursprünglich kommen.

Anleitung für die Gewürz- und Kräuterweltreise

Die Gewürz- und Kräuterweltreise wird mit zwei oder drei Kindern gespielt. Jedes Kind sucht sich eine Spielfigur aus und platziert die Spielfigur auf dem gleichfarbigen Startfeld. Die Spielkarten werden gemischt und verdeckt als Stapel auf dem Tisch platziert.

Das jüngste Kind darf beginnen. Du ziehst eine Spielkarte von dem Stapel. Die Spielkarte gibt dir das Gewürz oder das Kraut und das Herkunftsland vor in welches du mit deiner Spielfigur reisen sollst.

➔ Dein nächstes Ziel ist...

Hast du das Land auf der Weltkarte gefunden? Dann darfst du einmal würfeln und deine Spielfigur auf den runden, vorgegebenen Flächen fortbewegen.
Hast du eine 6 gewürfelt? Dann darfst du noch einmal würfeln.
Hast du das Herkunftsland erreicht? Dann lies den Abschnitt Verbreitung auf deiner aktuellen Spielkarte. Hier findest du dein nächstes Reiseziel.

➔ Reise weiter nach...

Hast du dein neues Ziel erreicht? Dann darfst du eine neue Spielkarte vom Stapel ziehen.

Das Spiel ist beendet, wenn alle Spielkarten vom Stapel aufgedeckt wurde.
Gewonnen hat das Kind mit den meisten Spielkarten.

Abb. 59 Anleitung „Gewürzweltreise“

Rosmarin

Herkunft:

Der Rosmarin kommt ursprünglich aus den Mittelmeerländern, dazu gehört z.B. Frankreich.

→ Dein nächstes Ziel ist Frankreich

Verbreitung:

Mönche brachten Rosmarin nach Deutschland.

→ Reise weiter nach Deutschland

Abb. 60 Beispiel „Spielkarte"

Der Thementisch „Salz- und Zuckerdetektive"

Die Idee

Die Idee zu diesem Thementisch ist aus Interesse an Lebensmitteln und ihren Inhaltsstoffen entstanden. Was für Nahrungsmittel sind gut für meinen Körper? Kann man das überhaupt sagen? Denn auch Nahrungsmittel mit „schlechten Inhaltsstoffen" werden regelmäßig konsumiert. Ist es die Unwissenheit, die Gleichgültigkeit oder der stärkere Wunsch, etwas genießen zu wollen? Dieser Thementisch ermöglicht den Schüler*innen entdeckendes, selbstgesteuertes und alltagsnahes Lernen über einige Nahrungsmittel und ihre Inhaltsstoffe. Die Kinder sollen hier zu Salz- und Zuckerdetektiven werden und sich nach dieser Einheit bewusst werden, wie viel Salz und Zucker der Mensch am Tag benötigt, wie viel Gramm Zucker und Salz nicht empfehlenswert sind und zudem ihren eigenen Konsum einmal zu beobachten. Es gilt, einen gesunden Mittelweg zu finden, indem die Kinder erfahren, dass auch die etwas ungesünderen Lebensmittel konsumiert werden dürfen, aber sie lernen, stets im Hinterkopf zu behalten, wie ein Lebensmittel auf die Inhaltsstoffe untersucht werden kann und welche täglichen Mengen im Normbereich liegen. An diesem Thementisch sind die größten Salz- und Zuckerfallen aufgebaut. Sie können jedes Lebensmittel anfassen, nach Absprache auch probieren und mit ihren Mitschülern leise darüber sprechen. Abschließend werden ihre Ergebnisse schriftlich festgehalten und verglichen.

Im Küchenalltag begegnet den Kindern Salz und Zucker in z.B. Glasgefäßen und sind kaum auseinanderzuhalten. Bei intensiver und vielperspektivischer

Auseinandersetzung mit beiden Stoffe können die Schüler*innen erfahren und erkennen, wie mit diesen Substanzen umzugehen ist (vgl. Wittkowske 2020, S. 1).

Weiter gedacht...

Auch hier kann Bezug zur Ernährungspyramide genommen und der oberste Baustein der Ernährungspyramide thematisiert werden.

Die Lernwerkstatt lässt sich gut als Ergänzung zu den Konzepten „Der Ernährungsführerschein“ und „Ich kann kochen“ in den Sachunterricht mit einbauen.

Ziele

- Die Schüler*innen lernen, Nährwerttabellen auf Lebensmittelverpackungen zu lesen, zu verstehen und reflektieren, um Kenntnis zu erlangen, wie viel Salz und/oder Zucker in einem Lebensmittel enthalten sind.
- Die Schüler*innen lernen, welche Mengen von Salz und Zucker empfehlenswert sind.

Benötigte Materialien

Um den Thementisch „Salz- und Zuckerdetektive“ bestmöglich in den Unterricht zu

Integrieren, bedarf es einiger Vorbereitungen. Ein Gruppentisch von maximal vier Arbeitsplätzen und ein Materialtisch sollten zur Verfügung stehen. Auf dem Materialtisch befinden sich Schüsseln mit den verschiedenen Salz- und Zuckerarten sowie laminierte Schilder, welche den Inhalt erklären. Löffel und Becher stehen zur freien Verfügung, um Nahrungsmittel und Getränke möglicherweise sogar zu probieren. Auf den Arbeitstischen liegen nur die Lebensmittel und Getränke. Die Schüler*innen bekommen jeweils einen Stift und einen Arbeitsbogen.

Lebensmittel Salz: Kochschinken, Chips, Salzstangen, Nudeln, Gewürzgurken,

Brot, Fertiggerichtpulver, Instantsuppen

Lebensmittel Zucker: Cola, Nuss-Nugat-Creme, Fruchtjoghurt, Kekse,

Orangen-Nektar, Vollmilchschokolade, Weingummi

Verlauf des Thementisches

Maximal vier Schüler*innen setzen sich an einen Arbeitsplatz und kommunizieren im Flüsterton. Sie suchen sich aus, ob sie zunächst mit der Schätzung des Zuckergehaltes oder der Schätzung des Salzgehaltes anfangen möchten. Anschließend bekommen sie einen Arbeitsbogen ausgehändigt. Die Kinder lesen die Aufgabenstellung aufmerksam durch. Diese fordert auf, den Gehalt des Inhaltsstoffes in den Nahrungsmitteln oder Getränken ausfindig zu machen und ermöglicht ebenfalls die Ergebnissicherung. Sie sollen schätzen, wie viele Stücke Würfelzucker in einem Lebensmittel enthalten sind und erfahren, dass ein Stück Würfelzucker knapp drei Gramm enthält. Über zweihundert Stücke Würfelzucker stehen den Kindern zur Verfügung. Sie dürfen Türme neben das zu untersuchende Nahrungsmittel stellen oder einfach raten.

Die Lehrperson bringt sich nicht mit ein, steht aber bereit, um mögliche Fragen oder Unklarheiten zu besprechen.

Die Kinder erfahren, welche Mengen von Salz oder Zucker für einen Menschen pro Tag notwendig sind. Sie reflektieren, was sie am Tag zuvor gegessen haben und überschlagen den Salz- und Zuckergehalt der Nahrungsmittel, um zu überprüfen, ob sie mehr oder weniger Salz oder Zucker zu sich genommen haben, als für die Gesundheit empfohlen ist. Die Kinder erfahren außerdem, welche Art von Zucker oder Salz in den Lebensmitteln enthalten ist und können die beschrifteten Rohstoffe auf dem Materialtisch ansehen, probieren oder auch ertasten.

Abb. 61 „Salz- und Zuckerdetektive“

„Ausgangspunkt der pädagogischen Arbeit im Sachunterricht sollte das einzelne Kind mit seinen Kenntnissen, Fertigkeiten, Einstellungen und Werten sein. Eine Fokussierung auf eine vielperspektivische Auseinandersetzung mit den Stoffen Zucker und Salz ist vor diesem Hintergrund sinnvoll und lässt sich u. a. über die didaktischen Prinzipien Lebensnähe oder Exemplarität begründen." (Wittkoske 2020, S. 7).

Weiter gedacht….

Für die Jahrgangsstufe 4 kann hier auch das Thema „Versteckte Zucker" verortet werden. In vielen Joghurtsorten und Limonaden sind große Zuckeranteile versteckt. Anhand von Würfelzuckerstücken lassen sich die Mengen gut visualisieren.

Name: ____________________ Datum: ____________________

Arbeitsbogen: Zuckergehalt

➔ 25 Gramm Zucker ist pro Tag die empfohlene Mengenangabe.
➔ 1 Stück Würfelzucker enthält ungefähr 3 Gramm Zucker.

(1)Schätze, wie viele Zuckerwürfel in den Lebensmitteln sind:

Cola (1 Liter)	
Nuss-Nugat-Creme (400 Gramm)	
Fruchtjoghurt (250 Gramm)	
Kekse (120 Gramm)	
Orangen-Nektar (1 Liter)	
Vollmilchschokolade (100 Gramm)	
Weingummi (200 Gramm)	

Abb. 62 Arbeitsbogen: Zuckergehalt

Die Lernwerkstatt „Kräuter und Gewürze" (incl. Zucker- und Salzdetektive) kann jederzeit erweitert werden. Zu bedenken ist, dass bei Einsatz der Lernwerkstatt die frischen Kräuter und Gewürze besorgt werden müssen.

Nicht nur für das Thema „Kräuter und Gewürze" ist eine Lernwerkstatt einsetzbar, auch viele andere Themen der Ernährungsbildung sind sinnvoll und durchführbar.

8. Handlungsempfehlung

Für die Umsetzung der Ernährungsbildung im Sachunterricht in der Grundschule wurden in diesem Buch einige Konzepte und Materialideen vorgestellt. Wichtig in diesem Zusammenhang ist es, sich mit der Nachhaltigkeit der Unterrichtsmaterialien zu beschäftigen und das Spiralcurriculum nicht außer Acht zu lassen: Die Schüler*innen sind da abzuholen wo sie stehen, ohne es zu langweiligen Wiederholungen im Unterricht kommen zu lassen. Folgende Aspekte sollen außerdem berücksichtigt werden:

Zu einer gesunden Ernährungsweise spielen weitaus mehr Faktoren eine Rolle, als das Aufstellen von Ernährungsempfehlungen, denn Essen ist ein Lernprozess, der ein Leben lang andauert und ständig durch wechselnde Bedingungen beeinflusst wird (vgl. Eugster 2012, S.58). Unter dem kulturellen Aspekt der Ernährungsbildung sind in der (Grund-)schule die Lehrkräfte gefragt, sich mit der Esskultur der Schüler*innen (ggf. unter Berücksichtigung der Sprachbarriere) auseinanderzusetzen. Die Ernährungsbildung ist dann erfolgsversprechend, wenn die Ansätze einer gesunden Lebensweise mit Themen wie Genuss und Geschmack gemeinsam vermittelt werden. In unserer heutigen Schullandschaft sollte die Ernährungsbildung als eine nicht zu hinterfragende Komponente der Allgemeinbildung anerkannt sein. Sie bietet die Möglichkeit, dass sich die Kinder selbst wahrnehmen und dass Lebenskompetenzen ausgebildet werden. Das geschieht automatisch, da Essen und Trinken Komponenten des täglichen Lebens sind – von der Sinnesschulung über die Alltagsbewältigung im Supermarkt oder auf dem Wochenmarkt bis zum Körpererlebnis durch Hunger und Sättigung. Zudem lassen sich die unterschiedlichen Wissensfelder und Fächer beleuchten – vom Sachunterricht über Deutsch- und Mathematik-Unterricht gibt es zahlreiche Themengebiete, die sich über die Ernährung durchdringen lassen (vgl. Lohrer; Plinz 2016, S.317). Aufgrund der Tatsache, dass sich das Ernährungs- und Essverhalten bereits im Kindesalter in Form von Ernährungsmustern manifestiert, hat die Grundschule eine relevante Rolle in der Ernährungsbildung. Die Verknüpfung gängiger Begriffe, wie Gemüsenamen mit den Lebensmitteln, sind nicht mehr als selbstverständlich vorauszusetzen. Hier muss die Sprache der Schüler*innen mit Bildmaterial und anderen Hilfsmitteln während der Unterrichtseinheit gefördert werden. Andernfalls droht die Gefahr, dass zwar eine sinnvolle Ernährungsbildung stattfindet, diese aufgrund von sprachlichen Barrieren jedoch an Qualität verliert und nicht alle Kinder dem Wissensaufbau folgen können. Die enge Verbindung des Sachunterrichts mit der Sprachbildung gehört zu dem Bildungsanspruch des Faches (vgl. GDSU 2013, S.11). Als visuelles Beispiel kann hier die Ernährungspyramide mit ihren einzelnen Bausteinen aufgeführt werden.

Ein wichtiger Punkt in der Ernährungsbildungsarbeit ist die Elternarbeit. Molderings (2009) betont in ihrem Beitrag *Wie Kinder ihre Eltern erziehen – Kann Schule die Ernährung zu Hause verändern?* die Bedeutung der frühen Ernährungsbildung:

„Da die Manifestation eines Ernährungsverhaltens und seiner -gewohnheiten früh einsetzt und im Kindesalter maßgeblich von der Familie bestimmt wird, begründet sich eine schulische Ernährungserziehung bereits im Grundschulalter unter Einbezug der Eltern." (Molderings, 2009, S.87).

In diesem Zitat betont Molderings nicht nur die frühe Etablierung von Ernährungsbildung in der Grundschule, sondern ebenfalls die relevante Beachtung der Variable Eltern. In der Vermittlung der Ernährungsbildung kann im Unterricht jede helfende Hand gebraucht werden, insbesondere, wenn Lebensmittel zu Speisen verarbeitet werden. Eltern und Großeltern können hier eine nicht zu unterschätzende Unterstützung sein.

Relevant sind die zu vermittelten positiven Impulse wie sinnliches Genießen, Geschmack, Vielfalt und Nachhaltigkeit. Dazu gehört auch, dass bei einer gesunden Ernährung nicht zwangsläufig auf ungesunde Lebensmittel verzichtet werden muss, sondern dass weniger gesunde Lebensmittel bewusst und mit Genuss konsumiert werden. Ein Ziel im Rahmen der Ernährungsbildung ist die Schaffung eines bewussten und reflektierten Handelns von Schüler*innen. Im Zentrum der Ernährungsbildung im Sachunterricht steht entsprechend die Kompetenzsteigerung von Schüler*innen auf dem Gebiet der selbstständigen ausgewogenen Ernährung. Das bedeutet, dass die Kinder sich mit dem Zusammenhang von Ernährung und Gesundheit auseinandersetzen: Sie reflektieren die eigene Gesundheit, nehmen Körpersignale wahr, verstehen Ernährungsempfehlungen und können sich mit Ernährungsinformationen kritisch auseinandersetzen (vgl. Giest & Hintze 2017, S.183f.). Mit Hilfe der aufgeführten Ernährungskonzepte und der Ernährungspyramide lässt sich visualisieren, in welchem Mengenverhältnis bestimmte Lebensmittelgruppen im Rahmen einer gesunden und ausgewogenen Ernährung konsumiert werden sollten. Es ist zu empfehlen bei einem Ernährungsmodell, z.B. der Ernährungspyramide während der Primarstufenzeit durchgängig zu bleiben, da dadurch ein vertiefender Wissensaufbau erfolgen kann. Hinzu kommt der Wiedererkennungseffekt, der den Kindern eine Struktur bietet und insbesondere im sonderpädagogischen Bereich einen Mehrwert findet. Ein didaktisches Poster der Ernährungspyramide hängend im Klassenraum oder auch eine selbstgestaltete Ernährungspyramide können diesbezüglich in der schulischen Ernährungsbildung unterstützend wirken.

Spiralförmig gedacht:

Durch den schulischen Bildungsprozess sollen die Schüler*innen ihre individuelle Essbiographie weiterentwickeln – begleitet durch Lehrkräfte. Dabei soll das Interesse an Genuss durch Ernährung und verschiedene Aspekte des Kochens wie Kreativität, Entspannung und Forscherdrang im Zuge einer positiven Ernährung stehen. Jedes Kind soll immer da abgeholt werden, wo es gerade steht. Dabei steht nicht der erhobene Zeigefinger im Vordergrund, sondern jedes Kind kann seine Erfahrungen mit Ess- und Ernährungsverhalten in den Unterricht einbringen, und es kann an Vorerfahrungen angeknüpft werden. Um den Schüler*innen die Ernährungsbildung motivierend zu lehren, ist es wichtig, bewusst mit positiv besetzten bzw. genussvoll erlebten Essverhalten im Unterricht zu starten. Ernährungsbildung endet nicht mit der Schullaufbahn, sondern fordert und fördert alle Menschen im Kontext des lebenslangen Lernens in ihren verschiedenen Stationen ihrer Essbiographie.

Zusammenfassend kann gesagt werden, dass eine schulische Ernährungsbildung im Kontext mit lebenslangem Lernen steht und so auch verstanden werden muss. Bezüglich der menschlichen Ernährung wird es immer Veränderungen, Neuartiges und Emotionales geben, die es wahrzunehmen und im Unterricht umzusetzen gilt. Abschließend kann jeder Lehrkraft die Ernährungsbildung mit den verschiedenen Konzepten und Unterrichtsbeispielen ans Herz gelegt werden, um den Kindern viele unvergessliche, interaktive und sinnesfördernde Unterrichtseinheiten zu ermöglichen und darauf aufbauend, den Kindern ein nachhaltiges, gesundheitsförderndes Ernährungs- und Essverhalten zu vermitteln, denn

Essen ist reden mit anderen Mitteln.

9. Literatur

Bamert, U. & Deussen Meyer, H. (2013): „Ich kann das jetzt alleine“. Dialogisches Lernen nutzen, um den eigenständigen Umgang der Schülerinnen und Schüler mit Rezepten und Anleitungen zu fördern. In: Bender, U. (Hrsg.) (2013): Ernährungs- und Konsumbildung. Perspektiven und Praxisbeispiele für den Hauswirtschaftsunterricht. Fachdidaktische Entwicklungen in Deutschland, Österreich und der Schweiz. Bern: Schulverlag plus AG, S. 111-123

Bartsch, S.; Büning-Fesel, M.; Cremer, M.; Heindl, I.; Lambeck, A.; Lührmann, P.; Rademacher, C. & Schulz-Greve, S. (2013): Ernährungsbildung – Standort und Perspektiven. In: Ernährungs Umschau 2, S. 84-95

Baumgarten, J. (2018): Ernährungswissen von Grundschulkindern vor und nach dem Ernährungsführerschein. Master-Thesis im Sachunterricht. Europa-Universität Flensburg

Becher, A. (2020): Ein guot gerichte, der ez gern izzet. Mittelalterliche Kochgeschichte erkunden. In: Grundschule Sachunterricht. Nr. 87. 3/2020, S. 33-38

Bender, U. (Hrsg.) (2013): Ernährungs- und Konsumbildung. Perspektiven und Praxisbeispiele für den Hauswirtschaftsunterricht. Fachdidaktische Entwicklungen in Deutschland, Österreich und der Schweiz. Bern: Schulverlag plus AG

Bethge, S. & Brüggemann, I., (2019): Schmecken mit allen Sinnen. Der Feinschmeckerkurs *für 4- bis 7-Jährige.* Bonn.

Breuß, R.; Kubelka, P. (1999): Das Mass im Kochen. Mengen- und Massangaben in Kochrezepten von der Antike bis zur Einführung der metrischen Masse im 19. Jahrhundert und deren Parallelität zu künstlerischen Gestaltungsprinzipien. Innsbruck: Haymon-Verlag.

Brombach, C. (2011): Soziale Dimensionen des Ernährungsverhaltens. Ernährungssoziologische Forschung. In Ernährungsumschau 6/2011, S. 318-324

Bruner, J. S. (1970): Der Prozess der Erziehung. Berlin: Berlin Verlag

BZfE (2018): Der Ernährungsführerschein. Basteien zu Ernährungsbildung in der Grundschule. 4. Auflage. Paderborn: Bonifatius GmbH

BZfE (2018): Für Gemüseforscher und Obstdetektive. Module zur Ernährungsbildung in der Grundschule. 3. Auflage. Ostbevern: MKL Druck

Cramm, D. v.; Ehrentreich, M.; Rapp, K.; Waibl, S.; Winkler, G. (2005): Esspedition Schule. Neue Materialien zur Ernährung für die Klassenstufen 1-6. In: Heseker, H., Beer, S., Heindl, I., Methfessel, B., Schlegel-Matthies, K. & Vohmann, C. (Hrsg.): Neue Aspekte der Ernährungsbildung. Frankfurt am Main: Umschau Zeitschriftenverl., S. 165-169

Dornhoff, M. (2018): Nachhaltige Ernährung von Schülern und Lehrern. Aktuelle Forschungsansätze aus der Biologiedidaktik. In: Laux, B. & Stomporowski, S. (Hrsg.):

Nachhaltigkeit in den Bereichen Tourismus, Hotelgewerbe und Ernährung. Baltmannsweiler: Schneider Verlag Hohengehren, S. 174-188

Eckert, H.; Heindl, I. (2013): Zu Tisch bitte. Kommunikation ist nicht alles, aber alles ist nichts ohne Kommunikation. In: journal culinaire. Kultur und Wissenschaft des Essens. Bitte zu Tisch. 16/2013, S. 27-35

Eugster, G. (2012): Kinderernährung richtig & gesund. Expertenwissen und Tipps für den Essalltag. 2. Auflage. München: Urban & Fischer Verlag

Fahrenkamp, H. J. (2017): Wie man eyn teusches Mannsbild bey Kräfften hält. Mit über 150 wiederentdeckten und ausprobierten Rezepten der Küchenmeister des Mittelalters. München: Bassermann

Fahrland, S. (2020): Klimaschutz fängt auf dem Teller an. Das CO_2-Sparbuch für eine klimafreundliche Ernährung. München/Grünwald: Komplett-Media GmbH

FAO (Food and Agriculture Organization of the United Nations) (2012): Final Document. In: Burlingame,B. & Dernini, S. (Hrsg.): Sustainable diets and biodiverity – Directions and solutions for policy research and action. Proceedings oft he International Scientific Symposium Biodiversity and Sustainable Diets Untied Against Hunger. Rome: FAO

Floeting, H.; Reimann, B. & Schuleri-Hartje, U. (2005): Von „Tante Emma" zu „Onkel Ali" – Entwicklung der Migrantenökonomie in den Stadtquartieren deutscher Großstädte. Berlin: Deutsches Institut für Urbanistik

Gansel N.; Peetz, J.; Sommer, M. & Plinz-Wittorf, C. (2010): Von Lernwerkstätten zur Lernwerk*stadt* Verbraucherbildung. In: Haushalt & Bildung 4/2010. 87. Jahrgang. S. 26-37

GDSU (Hrsg.) (2013): Perspektivrahmen Sachunterricht. Bad Heilbrunn

Giest, H. & Hintze, K. (2017): Schulessen als Ansatzpunkt für die Ernährungsbildung in der Grundschule. In: Wittkowske, S.; Polster, M. & Klatte, M. (2017): Essen und Ernährung. Herausforderung für Schule und Bildung. Bad Heilbrunn: Julius Klinkhardt, S. 175-194

Hascher, T. & Winkler-Eber, C. (2010). Gesundheit und Bildung von Kindern und Jugendlichen. In P. Paulus (Hrsg.), Bildungsförderung durch Gesundheit. Bestandsaufnahme und Perspektiven für eine gute gesunde Schule (S. 31 – 56). Weinheim und München: Juventa Verlag.

Heindl, I. (2003): Studienbuch Ernährung. Ein europäisches Konzept zur schulischen Gesundheitsförderung. Bad Heilbrunn: Klinkhardt Verlag

Heindl, I. (2009): Ernährungsbildung – curriculare Entwicklung und institutionelle Verantwortung. In: Ernährungs Umschau, 56, S. 568-573

Heindl, I.; Plinz-Wittorf, C. (2010): Schulische Ernährungs- und Verbraucherbildung – Stand der curricularen Entwicklungen. In: Haushalt und Bildung. Heft 4, 86. Jg. Baltmannsweiler: Schneider Verlag Hohengehren, S. 4-11

Hirschfelder, G. (2005): Europäische Esskultur. Geschichte der Ernährung von der Steinzeit bis heute. Frankfurt am Main: Campus Verlag

Kaiser, A. (2019): Praxisbuch handelnder Sachunterricht. Band 1. Baltmannsweiler: Schneider Verlag Hohengehren

Karimi, S. & Lippich, C. (2016): Laktode ... Was? Emelies ganz besondere Geschichte. Ehingen: Herzli Verlag

Keppler, S. (2009): Schnüsch oder snysk. Die Suche nach dem perfekten Kochbuch. Ein Essay. In: Blohm, M.; Burkhardt, S. & Heil, C.: Tatort Küche. Kunst, Kulturvermittlung, Museum. Die Küche als Lebens- und Erfahrungsraum. Flensburg: Flensburg University Press

Kögel, U. (2008): Ernährungslehre in der Grundschule: Der Stellenwert von Erziehung und Bildung bei der Gesundheitsförderung von Kindern. München: GRIN Verlag

Koerber Kv. & Hohler, H. (2012): Nachhaltig genießen. Rezeptbuch für unsere Zukunft. Stuttgart: TRIAS Verlag

Kritzmöller, M. (2016): Ähnlich wie ein Ei dem anderen? Qualitäten von Lebensmitteln – einfach „nur" Geschmackssache. In: Ernährung im Fokus 16-01-02 / 16, S. 16-21

Lohrer, M.; Plinz, C. (2016): Das Ernährungsverhalten von Flüchtlingen in Deutschland. Nutritive, kulturelle und soziale Aspekte. In: Ernährung im Fokus. 16-11-12 / 16, S. 314-317

Mauss, M. ([1923/24]1968): Die Gabe. Die Form und Funktion des Austauschs in archaischen Gesellschaften. Frankfurt am Main: Suhrkamp.

Meier-Ploeger, A.: Stockmeyer, K. & Lange, M. (1999): Fühlen wie's schmeckt – Sinnesschulung für Kinder und Jugendliche – Ein Handbuch für Lehrkräfte und alle Interessierten. Künzell: Verlag food media

Methfessel, B. (2005): Revis, Fachwissenschaftliche Konzeption: Soziokulturelle Grundlagen der Ernährungsbildung. Paderborner Schriften zur Ernährungs- und Verbraucherbildung, Band 7. Universität Paderborn

Methfessel, B. (2009): Anforderungen an eine Reform der schulischen Ernährungs- und Verbraucherbildung. In: Kersting, M. (Hrsg.) (2009): Kinderernährung aktuell. Schwerpunkte für Gesundheitsförderung und Prävention. Mit 64 Abbildungen und 15 Tabellen. Sulzbach: uZv. S. 102-116

Ministerium für Bildung, Wissenschaft, Forschung und Kultur des Landes Schleswig-Holstein (o.J.): Lehrplan. Grundschule. Heimat- und Sachunterricht. S. 95

Ministerium für Bildung, Wissenschaft und Kultur des Landes Schleswig-Holstein (2019): Fachanforderungen Sachunterricht. Primarstufe/Grundschule. Kiel: Schmidt & Klaunig

Molderings, M. (2007): Evaluation pädagogisch-didaktischer Ansätze im Rahmen der gesundheitsförderlichen Ernährungserziehung der Grundschule. Einfluss von Unterrichtsformen, Elterneinbeziehung und Zielvereinbarung hinsichtlich einer Veränderung des Ernährungsverhaltens. Zugl.: Dortmund, Univ., Diss., 2007. Baltmannsweiler: Schneider Verlag Hohengehren

Möller, K. (2007): Handlungsorientierung im Sachunterricht. In: Kahlert, J. (Hrsg.): Handbuch Didaktik des Sachunterrichts. Bad Heilbrunn: Klinkhardt, S. 411-416

Müller, G. N.; Wittmann, E. C. (1984): Der Mathematikunterricht in der Primarstufe. 3. Auflage. Braunschweig: Vieweg.

Müns, H. (2010): Essen und Trinken als Bekenntnis: Heimat – kulturelle Identität – Alltagserfahrungen. In: Kalinke, H. M.; Roth, K. & Weger, T. (Hrsg.): Esskultur und kulturelle Identität – Ethnologische Nahrungsforschung im östlichen Europa, S. 11-26. München: Oldenbourg Verlag.

Picht, G. (1986): Kunst und Mythos. Vorlesungen und Schriften. Stuttgart: Klett-Cotta

Plinz, C. (2017): Kulinarische Diskurse als Indikatoren sich wandelnder Gesellschaften – das Kulturthema in seiner kommunikativen Bedeutung. In: Haushalt in Bildung & Forschung (3/2017), S. 91-107

Plinz, C.; Hengstler, S.-L.; Kramer, S.; Krämer, C.; Mangold, B. & Page, A. (2018): Seminararbeit: Lernwerkstatt „Kräuter und Gewürze“. Abteilung Sachunterricht. Europa-Universität Flensburg

Plinz, C. (2020): Das Kulturthema Essen in seiner kommunikativen Bedeutung. Eine Untersuchung zum Zusammenhang zwischen dem Essverhalten und der Kommunikation über dieses. In: Ricart Brede, J. & Tahiri, N. (2020): Essen und Trinken. Multidisziplinäre Perspektiven auf menschliches Alltagshandeln in unterschiedlichen Kulturen. Hamburg: Igel Verlag. S. 165-185

Plinz, C.; Allwermann, C. (2018): Wie wir wohnen... Wohnen als vielperspektivisches Thema im Sachunterricht. In: Grundschulunterricht Sachunterricht 2/2018, S. 4-7

Plinz-Wittorf, C.; Heindl (2010): Körperbilder und ihre kommunikative Bedeutung. In: Blohm, M.; Glebocka, A. & heil, Christine (Hrsg.): Body-Images. Sozio-kulturelle Aspekte des Körpers. Flensburg: Flensburg University Press

Pötting, G. & Eissing, G. (2013): Ernährungserziehung in der Grundschule. Kompetenzen und ihre Evaluation. In: Prävention und Gesundheitsförderung (8/2013), S. 240-245

Pudel, V. (2002): So macht Essen Spaß! Ein Ratgeber für die Ernährungserziehung von Kindern. Weinheim: Beltz Verlag

Rademacher, C. & Heindl, I. (2019): Ernährungsbildung der Zukunft. Maßnahmen und Wirksamkeit der Professionalisierung. Wiesbaden: Umschau Zeitschriftenverlag

Raid, G. (2019): Müll. Alles über die lästigste Sache der Welt. Weinheim Basel: Beltz & Gelberg

Reichen, J. (1991): Sachunterricht und Sachbegegnung: Grundlagen zur Lehrmittelreihe MESCH UND UMWELT. Zürich: Sabe

Senn, C. (2013): „Echt scharf! – Harissa eben". Essbiographische Zugänge zur Reflexion des persönlichen Essverhaltens und als Beitrag zum Lernen in multikulturellen Klassen. In: Bender, U. (Hrsg.) (2013): Ernährungs- und Konsumbildung. Perspektiven und Praxisbeispiele für den Hauswirtschaftsunterricht. Fachdidaktische Entwicklungen in Deutschland, Österreich und der Schweiz. Bern: Schulverlag plus AG, S. 95-109

Spillner, B. (2015): Reden und Schreiben über Essen und Trinken. In Cölfen, H. (Hrsg.): OBST Osnabrücker Beiträge zur Sprachtheorie 87. Duisburg: Universitätsverlag Rhein-Ruhr OHG

Stiftung Haus der kleinen Forscher (Hrsg.) (2019): Frühe Bildung für nachhaltige Entwicklung – Ziele und Gelingensbedingungen. Wissenschaftliche Untersuchungen zur Arbeit der Stiftung „Haus der kleinen Forscher". Berlin: Verlag Barbara Budrich

Universität Paderborn & Institut für Ernährung, Konsum, Gesundheit (2018): Schlussbericht für das Bundesministerium für Ernährung und Landwirtschaft (BMEL). Ernährungsbezogene Bildungsarbeit in Kitas und Schulen (ErnBildung).

Wittkowske, S. (2020): Zucker und Salz. Zwei Stoffe verändern die Welt. In: Grundschulunterricht Sachunterricht: Zucker und Salz. München: Cornelsen Verlag

Wittkowske, S. & Polster, M. (2016): EssKULTURen gestalten. Für vielfältige Sichtweisen bei der Lebensgestaltung sensibilisieren. In: Grundschulunterricht Sachunterricht: EssKULTURen. München: Cornelsen Verlag

Wittkowske, S.; Polster, M. & Klatte, M. (2017): Essen und Ernährung. Herausforderung für Schule und Bildung. Bad Heilbrunn: Julius Klinkhardt

Online

AG Medien & Digitalisierung der GDSU (2019): Sachunterricht und Digitalisierung. Positionspapier. https://www.researchgate.net/publication/336899363_Sachunterricht_und_Digitalisierung. (letzter Zugriff am 27.09.2020)

Bilo, A.: SchmExperten in der Lernküche (6.-8. Klasse). Mehr als Kochen. https://www.bzfe.de/inhalt/schmexperten-in-der-lernkueche-6-8-klasse-3489.html (letzter Zugriff am 19.09.2020)

Brüggemann, I.; Hoffmann, S.: Das Einmaleins der Ernährungsbildung. https://www.bzfe.de/inhalt/ernaehrungs-und-verbraucherbildung-in-der-schule-931.html (letzter Zugriff am 25.08.2020)

Brüggemann, I. & Kaiser, B.: SchmExperten im Klassenzimmer (5./6. Klasse). Wissen, das schmeckt! https://www.bzfe.de/inhalt/schmexperten-klassenzimmer-5-6-klasse-3488.html (letzter Zugriff am 19.09.2020)

Bundeszentrum für Ernährung (2019). *Neu aufgelegt: Der Feinschmeckerkurs für Kinder. Sehen. Riechen. Hören. Fühlen. Schmecken. Genießen.* https://www.bzfe.de/inhalt/neu-aufgelegt-der-feinschmeckerkurs-fuer-kinder-34394.html (letzter Zugriff am 25.08.2020)

Bundeszentrum für Ernährung (2020). SchmExperten in der Lernküche. https://www.bzfe.de/_data/files/SXL_Internet_Praesentation.pdf (letzter Zugriff am 19.09.2020)

D-A-CH Arbeitsgruppe. www.evb-online.de/service_glossar.php (letzter Zugriff am 24.07.2020)

Deutsche Gesellschaft für Ernährung e.V. (DGE): Vollwertige Ernährung. https://www.dge.de/ernaehrungspraxis/vollwertige-ernaehrung/ (letzter Zugriff am 20.09.2020)

Galley, K. & Mayrberger, K. (2018): Tablets im Schulalltag. Potenziale und Herausforderungen bei der Integration von mobilen Endgeräten an beruflichen Gymnasien. In: Bastian, J.; Feldhoff, T.; Harring, M. & Rummler, K. (Hrsg.): MedienPäadagogik. Themenheft 31: Digitale Bildung. www.medienpaed.com (letzter Zugriff am 28.09.2020)

Geest-Rack, S. (2013): Ernährungsbildung an Berliner Grundschulen. Studie zur Qualität des Unterrichts und zur Professionalisierung des pädagogischen Personals – Analyse und Strategien. Dissertation an der Technischen Universität Berlin. https://depositonce.tu-berlin.de/bitstream/11303/4130/1/geest_rack_silke.pdf (letzter Zugriff am 22.09.2020)

Hayn, D. (2005): Ernährungsstile. Über die Vielfalt des Ernährungshandelns im Alltag. S. 284-288. https://www.kritischer-agrarbericht.de/fileadmin/Daten-KAB/KAB-2005/Hayn.pdf (letzter Zugriff am 24.08.2020)

Kaiser, A. & Albers, S. (2015): Empirische Wirksamkeitsüberprüfung von Unterrichtseinheiten zum Inhalt „Ernährung" im Sachunterricht der Grundschule. https://nanopdf.com/download/empirische-wirksamkeitsberprfung-von-unterrichtseinheiten-zum_pdf (letzter Zugriff am 10.09.2020)

Knopf, J. (2019): PRO und KONTRA: Digitale Medien in der Schule. https://bankenverband.de/blog/pro-und-kontra-digitale-medien-der-schule/ (letzter Zugriff am 27.09.2020)

Kranert, H. (2017): Lernwerkstatt im Förderschwerpunkt emotionale und soziale Entwicklung. https://www.uni-wuerzburg.de/fileadmin/06040031/Lernwerkstatt.pdf#page=32 (letzter Zugriff am 02.10.2020)

Kultusministerkonferenz (KMK): Verbraucherbildung an Schulen. Bonn 2013; http://www.kmk.org/fileadmin/pdf/PresseUndAktuelles/2013/Verbraucherbildung.pdf (letzter Zugriff am 22.08.2020)

Molderings, M. (2009): Wie Kinder ihre Eltern erziehen – Kann Schule die Ernährung zu Hause verändern? In: Nicolaus, J.; Ritterbach, U.; Spörhase, U. & Schleider, K.: Leben nach Herzenslust. Lebensstil und Gesundheit aus psychologischer und pädagogischer Sicht. https://www.pedocs.de/volltexte/2009/2251/pdf/Molderings_2009_Wie_Kinder_ihre_Eltern_erziehen_D_A.pdf (letzter Zugriff am 24.08.2020)

Oepping, A. (o. J.): das SchmeXperiment. Ein Konzept zum fachpraktischen Arbeiten im Unterricht im Rahmen der Ernährungs- und Verbraucherbildung (REVIS). Druckfassung 280205. Universität Paderborn. http://www.evb-online.de/docs/SchmeXperiment-Druckfassung_280205.pdf (letzter Zugriff am 10.09.2020)

Peschel, M. (2019): Lernen und Digitalisierung in der Grundschule https://www.sachunterricht.saarland/files_neu/publikationen/2019_Naumburg_Handzettel.pdf (letzter Zugriff am 27.09.2020).

Plinz, C. (2018): "Essen ist reden mit anderen Mitteln. Das Kulturthema Essen in seiner kommunikativen Bedeutung." https://www.zhb-flensburg.de/fileadmin/content/spezial-einrichtungen/zhb/dokumente/dissertationen/plinz/plinz-claudia-2018-.pdf (letzter Zugriff am 24.08.2020)

Pötting, G. (2011): Evaluation von Unterrichtskonzepten zur Ernährungserziehung in Grundschulen. Zugl.: Dortmund, Techn. Univ., Diss., 2011. Hamburg: Kovač (Schriftenreihe Studien zur Schulpädagogik, 69).

http://www.verlagdrkovac.de/978-3-8300-5815-1.htm. (letzter Zugriff am 10.09.2020)

Rensch, P.: Kindern, den Sinn einer nachhaltigen Ernährung erklären. https://www.ecowoman.de/familie/kinder/ernaehrung-gesund-nachhaltigkeit-bio-kindern-erklaeren-3109 (letzter Zugriff am 08.09.2020)

Sarah-Wiener-Stiftung (2019): „Ich kann kochen!" Ernährungsbildung mit allen Sinnen. https://ichkannkochen.de/ (letzter Zugriff am 10.09.2020)

Seitz, Harald: Die Ernährungspyramide: Eine für alle. https://www.bzfe.de/inhalt/die-ernaehrungspyramide-640.html (letzter Zugriff am 26.08.2020)

Straube, P.; Brämer, M.; Köster, H. & Romeike, R. (2018): Eine digitale Perspektive für den Sachunterricht? Fachdidaktische Überlegungen und Implikationen. https://www.widerstreit-sachunterricht.de/ebenel/superworte/zumsach/straubeetal.pdf (letzter Zugriff am 27.09.2020)

The free dictionary: https://de.thefreedictionary.com (letzter Zugriff am 06.10.2020)

UGB (2007): Was versteht man unter der Geschmacksrichtung umami? https://www.ugb.de/exklusiv/fragen-service/was-versteht-man-unter-geschmacksrichtung-umami/?geschmack-umami (letzter Zugriff am 07.09.2020)

Uhlen-Blucha, B. (2007): Aufwachsen mit Geschmack. https://www.schleswig-holstein.de/DE/Landesregierung/IQSH/Publikationen/PDFDownloads/Paedagogik/Praevention/Downloads/geschmackBildet.pdf?__blob=publicationFile&v=1 (letzter Zugriff am 09.09.2020)

UNICEF: Die UN-Kinderrechtskonvention. https://www.unicef.de/informieren/ueber-uns/fuer-kinderrechte/un-kinderrechtskonvention (letzter Zugriff am 20.09.2020)

Verbraucherzentrale NRW (2009): Gesunde Ernährung und Esskultur. Materialbausteine für den GanzTag. https://www.verbraucherzentrale.nrw/sites/default/files/2017-06/Gesunde%20Ern%C3%A4hrung%20und%20Esskultur.%20Materialbausteine%20f%C3%BCr%20den%20GanzTag.pdf (letzter Zugriff am 09.09.2020)

Waldheimer Gewürze GmbH: https://www.waldheimer-gewuerze.de/gewuerze-oder-kraeuter-wo-ist-der-unterschied.html (letzter Zugriff am 28.10.2020)

10. Abbildungsverzeichnis